प्रारूपण, टिप्पण और प्रूफपठन

प्रारूपण टिप्पण प्रूफ़-पठन

योजना सम्पादक

डॉ. भोलानाथ तिवारी

लेखक

डॉ. विजय कुलश्रेष्ठ

वाणी प्रकाशन

वाणी प्रकाशन
4695, 21-ए, दरियागंज, नयी दिल्ली 110 002
शाखा
अशोक राजपथ, पटना 800 004
फ़ोनः +91 11 23273167 फ़ैक्सः +91 11 23275710
www.vaniprakashan.in
vaniprakashan@gmail.com

PRAROOP, TIOOAN AUR PROOPH-PATHAN
Edited by Vijay Kulashresth

Linguistic

ISBN : 978-93-5000-761-7

संस्करण 2018

मूल्य : ₹375

आर.टेक ऑफ़सेट, प्रिंटर्स, दिल्ली-110 032 में मुद्रित

वाणी प्रकाशन का लोगो मक़बूल फ़िदा हुसेन की कूची से

भूमिका

एक समय था जब हिन्दी केवल साहित्य रचना तथा आपसी पत्र-व्यवहार के माध्यम के रूप में प्रयुक्त होती थी, किन्तु अब धीरे-धीरे प्रकाशन, बैंक, रेलवे, वाणिज्य, विज्ञान, वैदेशिक संबंध आदि-इत्यादि अर्थात् सभी संबंधित क्षेत्रों में इसका प्रयोग होने लगा है। इस प्रसंग में यह बात भी उल्लेखनीय है कि सिद्धान्त के रूप में प्राय: यह कहा जाता है कि मानक भाषा का एक रूप होता है, वह समरूपी होती है, किन्तु व्यावहारिक नाता यह है कि किसी भी मानक भाषा का प्रयोग जिन-जिन विषयों के लिए किया जाता है, उन-उन विषयों के अनुरूप वह मानक भाषा अलग-अलग रूप धारण कर लेती है। इसीलिए आज यदि साहित्यिक हिन्दी का एक रूप है तो विज्ञान में प्रयुक्त हिन्दी का दूसरा है। ऐसे ही प्रशासन की हिन्दी अलग है तो खेल-कूद की हिन्दी अलग है और बाजार की मंडियों की हिन्दी अलग है।

प्रशासनिक तथा अलग कार्यालयों में हिन्दी के प्रयोग का प्रारंभ हुए अभी बहुत दिन नहीं बीते हैं। यही कारण है कि उसके सभी विषयों में प्रयोग के उपयुक्त अलग-अलग सुनिश्चित रूप नहीं बन पाए हैं। आवश्यकता इस बात की है कि हिन्दी के इस प्रकार के अपेक्षित सभी रूपों पर विस्तार से काम करके उन्हें सुनिश्चित करने की दिशा में ठोस कदम उठाए जाएँ।

सात पुस्तकों की प्रस्तुत योजना इसी दिशा में एक ठोस कदम है। प्रस्तुत योजना इसी कार्यालयी हिन्दी की सभी आवश्यकताओं को दृष्टि में रखते हुए सामग्री प्रस्तुत की गई है। इस पुस्तकमाला की सभी पुस्तकें इस प्रकार हैं :—

१. प्रारूपण, टिप्पण और प्रूफपठन

२. पत्र-व्यवहार निर्देशिका

३. सारलेखन, निबन्ध और अनुवाद

४. भाषा, भाषण और वार्तालाप

५. राजभाषा सम्वैधानिक व्यवस्था

६. विधिकार्य निदेशिका

७. प्रशासनिक शब्दावली

इस पुस्तकमाला की यह पहला पुस्तक प्रायः सभी प्रकार के कार्यालयों में काम आने वाले प्रारूपण तथा टिप्पण पर है। इन दोनों ही में पहले इनकी परिभाषा, आवश्यकता, उद्देश्य एवं विशेषताओं पर प्रकाश डाला गया है, फिर उनके सिद्धांत प्रकार आदि को लिया गया है और अन्त में इनके तरह-तरह के उदाहरण हैं।

प्रूफपठन की आवश्यकता कार्यालयों में तब पड़ती है ज़ब कार्यालय के फार्म आदि छपते हैं। इसके लिए प्रारम्भ में प्रेस की अपेक्षित पूरी जानकारी दी गई है फिर प्रूफ पढ़ने की पद्धति और उसके संकेत-चिह्न आदि लिए गये हैं।

इस तरह यह पुस्तिका प्रारूपण, टिप्पण की कार्यालयों के लिए अपेक्षित पूरी जानकारी देती है। विश्वास है, सभी प्रकार के उन कार्यालयों के लिए यह उपयोगी होगी जो हिन्दी में काम कर रहे हैं या करना चाहते हैं।

इस पुस्तकमाला की इस दूसरी पुस्तक 'पत्र-व्यवहार निर्देशिका' में कार्यालयी पत्र, प्रशासनिक पत्र, व्यावसायिक पत्र, देशी-विदेशी, प्रार्थनापत्र, आवेदन-पत्र, शिकायती पत्र, निमंत्रण-पत्र, बधाई-पत्र, शुल्क-मुक्ति पत्र आदि सभी प्रकार के पत्र लिखने की पद्धति स्पष्ट करते हुए उनके पर्याप्त उदाहरण दिये गए हैं। वस्तुतः यह पुस्तक कार्यालयों के काम की तो है ही, सर्वसामान्य के काम की भी है, क्योंकि प्रायः सभी को कभी न कभी पत्र लिखने पड़ते हैं।

—भोलानाथ तिवारी

प्राक्कथन

हिन्दी हमारी राष्ट्रभाषा, राजभाषा एवं सम्पर्क भाषा ही नहीं, अपितु वह युग-युगों से भारत के एकात्म रूप की संरक्षिका भी है। इसके तथ्यपरक ऐतिहासिक एवं पारिवारिक स्रोत हमें उपलब्ध होते हैं कि हिन्दी के धर्मोपदेशक और उर्दू के मौलवी सम्पूर्ण भारत में अपने भाषण हिन्दी में देते हैं। यही नहीं, राजर्षि टण्डन के मतानुसार "हिन्दी सम्पूर्ण राष्ट्र की राष्ट्रभाषा है, किसी एक प्रदेश की नहीं।···भारत में हिन्दी जब से राष्ट्रभाषा घोषित हुई है तब से लगभग सभी प्रगतिशील और समुन्नत देशों में यह सीखी जाने लगी है।···इसलिए हिन्दी अन्तराष्ट्रीय भाषा ही है।"

भारतीय राजभाषा के रूप में संवैधानिक रूप में महत्ता पाकर हिन्दी का अपेक्षित स्वरूप अभी तक स्थापित नहीं हो सका था। कार्यालयों में राज्यादेशों के कारण इसे महत्त्व मिला अवश्य है, पर अभी तक राष्ट्रभाषा और राजभाषा का प्रचलन जिस गति से जनसामान्य से इतर छात्रों, सेवारत कर्मचारियों एवं अधिकारियों में होना चाहिए था, नहीं हो सका है। उसके अनेक कारणों के साथ हम सभी का मानसिक शैथिल्य भी एक महत् कारण है। अस्तु, इस सब विवरण में जाना व्यर्थ है।

विश्वविद्यालयों में सामान्य हिन्दी के नाम पर प्रचलित पाठ्यक्रम एवं तद्माध्यम से उपाधिप्राप्त स्नातक कितने उपयोगी हैं, इसका ज्ञान इससे प्रमाणित हो जाता है कि छात्र एक आवेदन-पत्र शुद्ध भाषा एवं सही रूप में लिख पाने में असमर्थ रहता है, फिर किसी कार्यालय में लिपिक वर्ग में नियोजित होकर वह क्या योग्यता प्रदर्शित कर सकता है? इसी चिन्तन के आधार पर विश्वविद्यालयों में नवीन पाठ्यक्रम तथा प्रतियोगी परीक्षाओं में कार्यालयीय पत्र-लेखन आदि के निर्धारण से व्यावहारिक हिन्दी का महत्त्व बढ़ गया है।

व्यावहारिक हिन्दी सम्बन्धी ज्ञान के लिए अनेक प्रकार की उपलब्ध पुस्तकों के बीच अभी तक ऐसी पुस्तक का अभाव था, जो कार्यालय के पत्र-व्यवहारादि के लिए पूर्ण उपयोगी सिद्ध हो सके। इसी दृष्टि से इस पुस्तक का प्रणयन किया गया है।

राजस्थान सरकार की प्रचार-सेवाओं में रहते हुए व्यावहारिक रूप में कार्यालयीय पत्रों के प्रारूपों से निरन्तर सम्बद्ध रहने के कारण तथा विभिन्न पत्र-पत्रिकाओं एवं समाचार-पत्रों के लिए समय-समय पर रपट, समीक्षाएँ, अग्रलेख एवं आलेख आदि के अनुभव का लाभ उठाते हुए इस पुस्तक के कलेवर में 'प्रारूपण एवं टिप्पण' विषयक पाठ्यक्रम की पूर्ति का प्रयास किया है। श्रद्धेय डॉ० राजकुमार गुप्त, आचार्य एवं अध्यक्ष, कुमाऊं विश्वविद्यालय, नैनीताल (उ० प्र०), बन्धुवर प्रद्युम्ननारायण शुक्ल, प्रचार अधिकारी, सहकारी विभाग, राजस्थान एवं भाई हमीदुल्ला, उप सचिव, राजस्थान विधि मंत्रालय के विविध परामर्शों, सुझावों एवं समाधानों के लिए मैं हृदय से आभारी हूँ।

प्रियवर श्री अशोक माहेश्वरी को धन्यवाद देकर औपचारिकता का निर्वाह करना उचित प्रतीत नहीं होता, क्योंकि यह उनका ही प्रयास है कि मेरा आलस्य मिटाने और सक्रिय बनाने में वे समर्थ रहे हैं।

सुधी पाठकों, हिन्दी प्रयोग के लिए तत्पर राजकीय अधिकारियों, प्रतियोगी परीक्षाओं के प्रत्याशियों एवं स्नातकस्तरीय अभिज्ञान के जिज्ञासुओं के लिए यह कृति किंचित भी उपयोगी सिद्ध हो सकी तो यह प्रयास सफल समझा जायेगा, इसी विश्वास के साथ,

—विजय कुलश्रेष्ठ

अनुक्रमणिका

प्रारूपण : परिभाषा, आवश्यकता, महत्त्व एवं विशेषताएँ

प्रारूपण : परिभाषा

प्रारूपण का सीधा-सा अर्थ है—पत्र-लेखन, परन्तु यह पत्र-लेखन सरकारी या राजकीय कार्यविधि में प्रयुक्त पत्रादि के कच्चे मसौदे अथवा प्रारम्भिक रूप से सम्बन्धित है। राजकीय कार्यालयों की कार्यविधि को सुचारु रूप से संचरित करने तथा व्यवस्थित बनाए रखने के लिए लिपिक द्वारा पत्रों के उस कच्चे मसौदे या प्रथम आलेख को प्रारूपण कहा जाता है जिसे उस लिपिक से सम्बद्ध अधिकारी अनुमोदित करता है। कभी-कभी ऐसे पत्रों का प्रारूप उच्चलिपिक या किसी उच्चाधिकारी द्वारा भी तैयार किया जाता है।

अस्तु एक स्पष्ट परिभाषा इस प्रकार की जा सकती है—'प्रारूपण किसी भी सरकारी या व्यावसायिक संस्थान के अन्तर्गत किसी एतद्विषयक नियुक्त व्यक्ति द्वारा तैयार किया गया वह प्रथम आलेख या कच्चा रूप है जो एक निश्चित प्रणाली, निश्चित वाक्यावली, निश्चित नियम एवं औपचारिकताओं तथा परम्परित स्वरूप में ही प्रस्तुत किया जा सकता है।'

यह कहना अन्यथा न होगा कि वर्तमान समय में प्रारूपण के समानान्तर अंग्रेजी शब्द 'ड्राफ्टिंग' (Drafting) प्रचलित है। हिन्दी में प्रारूपण के अन्य पर्यायवाची शब्दों में आलेख, प्रारूप या मसौदा शब्द भी प्रचलित है। इन समानार्थक शब्दों के साथ प्रारूप (Draft) और प्रारूपण (Drafting) शब्दों का प्रचलन है।

प्रारूपण : आवश्यकता

हिन्दी राष्ट्रभाषा, राज्यभाषा एवं सम्पर्क भाषा के रूप में प्रतिष्ठित है। तीसरे रूप में सम्पूर्ण भारत की सम्पर्क भाषा किसी स्तर अथवा दृष्टि-विशेष में

भले ही न हो, परन्तु तीर्थाटन के स्तर पर इस भाषा का महत्त्व दीर्घकाल से होता है।

स्वतन्त्रता से पूर्व हमारे देश भारतवर्ष की राजकीय पत्र-व्यवहार और राजकीय कार्यविधि (राजकाज) की भाषा के रूप में अंग्रेजी भाषा का प्रयोग किया जाता था, परन्तु देश की स्वतन्त्रता के बाद हिन्दी राष्ट्रभाषा एवं राजभाषा के रूप में प्रतिष्ठित हो गई है। अतः अब राजकीय कार्यविधि या सरकारी कामकाज अथवा राजकाज की भाषा के रूप में हिन्दी का प्रयोग पर्याप्त मात्रा में हो रहा है, परन्तु उसकी गति अत्यन्त धीमी और शिथिल रही है। अनेक कारणों में से एक कारण यह भी है कि प्रारूपण सम्बन्धी और कार्यविधि सम्बन्धी पुस्तकों का नितान्त अभाव बना रहा है।

आज स्नातकोत्तर युवक किसी कार्यालय में जीविकोपार्जन के लिए पहुँचता है तो उसके सामने सबसे बड़ी और पहली कठिनाई यही आती है कि उसे पत्र लिखने की विधि का कोई ज्ञान ही नहीं होता है क्योंकि कार्यालयीय पत्रों की अपनी अलग विशेषताएँ होती हैं, अतः ऐसे लोगों को प्रारूपण का ज्ञान कराने की महती आवश्यकता अनुभव की जाती है।

प्रारूपण : महत्त्व

किसी भी राष्ट्र, राज्य और तत्सम्बन्धी मंत्रालयों, मुख्यालयों, सम्बद्ध कार्यालयों और सरकारी कार्यालयों तथा स्वयंसेवी संस्थाओं में आज प्रारूपण का महत्त्व स्वीकार किया जाने लगा है। राजकीय कार्यभार बढ़ जाने के कारण अधिकारी के पास इतना समय भी नहीं होता कि श्रुतलेखक (स्टेनो) को प्रत्येक पत्र का उत्तर लिखाया जा सके। ऐसी स्थिति में प्रत्येक कार्यालय में ऐसे व्यक्तियों की आवश्यकता अनुभव की जाती है तथा उस व्यक्ति को महत्त्व दिया जाता है जो 'स्वयं पत्र-व्यवहार की योग्यता' रखता हो।

निस्सन्देह किसी भी कार्यालय में किसी अच्छे प्रारूप-लेखक की उपस्थिति उस कार्यालय के लिए गौरव की बात होती है। प्रारूपण का महत्त्व इसलिए भी है कि यह केवल सरकारी या राजकीय कार्यालयों की ही सर्वमान्य महत्ता और आवश्यकता का प्रतिफल नहीं है अपितु अनेक स्वसेवी संगठनों एवं व्यावसायिक संस्थानों में 'स्वयं पत्र-व्यवहार की योग्यता' का विशेष महत्त्व है। अस्तु प्रत्येक स्तर पर प्रारूपण का अपना विशेष महत्त्व है।

प्रारूपण का क्षेत्र

प्रारूपण का क्षेत्र एक मंत्रालय से दूसरे मंत्रालय, मंत्रालय से निदेशालय, निदेशालय से लेकर छोटे से छोटे कार्यालय इकाई तक तथा स्वयंसेवी एवं

व्यावसायिक संस्थानों तक प्रारूपण का क्षेत्र व्यापक है क्योंकि किसी भी कार्यालय के सुचारु रूप से संचालन और किसी भी व्यावसायिक अथवा स्वयंसेवी संस्था की प्रतिष्ठा के लिए प्रारूपण का महत्त्व विशेष होता है।

प्रारूपण का क्षेत्र निर्धारित करते समय कार्यालय की सबसे पहली इकाई सम्बन्धित लिपिक होता है, वही अपने से सीधे सम्बन्धित प्रभाग अधिकारी द्वारा प्राप्त निर्देश के अनुसार प्रारूप तैयार करता है तथा उसे प्रभागाधिकारी के समक्ष प्रस्तुत करता है। वह प्रभागाधिकारी उसे अपने उच्चाधिकारी के पास 'अनुमोदनार्थ प्रेषित' लिखकर भेज देता है। कभी-कभी प्रभागाधिकारी को ही यह कार्य सम्पादित करना होता है क्योंकि कार्यालय की कुछ पत्रावलियाँ तथा उससे सम्बन्धित पत्र-व्यवहार का दायित्व उसी पर होता है। कभी उच्चाधिकारी के निजी सहायक अथवा कभी-कभी उच्चाधिकारी को स्वयं भी प्रारूप तैयार करना या कराना होता है। उच्चाधिकारी अपने निजी सहायक को या आशुलिपिक को प्रारूप लिखा देता है जिसे सीधे ही आशुलिपिक टंकित कर 'हस्ताक्षरार्थ प्रेषित' (Submitted for Signature) की पताका या स्लिप लगाकर अधिकारी के पास भिजवा देता है।

प्रारूपण तैयार होने के बाद उसे सम्बन्धित पत्रावली के साथ ही अधिकारी के समक्ष प्रस्तुत कियां जाता है तथा पत्रावली के साथ लगे टिप्पण-पत्र (Note Sheat) पर पत्र का सन्दर्भ देते हुए 'अनुमोदनार्थ प्रारूप' लिखकर उच्चाधिकारी के समक्ष प्रस्तुत करता है तथा पूर्व-सन्दर्भ देखने के लिए पत्रावली में संलग्न पूर्व-सन्दर्भों में आलपिन द्वारा पताका (फ्लैग) लगा देता है। यदि पताका एक से अधिक होती हैं तो उनका क्रम भी १, २, ३ आदि देना होता है।

प्रारूपण की विशेषताएँ

अच्छे प्रारूपण की निम्नलिखित विशेषताएं होती हैं—

१. **शुद्धता** (Accuracy)—सरकारी या राजकीय पत्रों में शुद्धता एक अत्यावश्यक गुण या विशेषता होती है। व्यावसायिक संस्थानों के पत्रों में भी यही शुद्धता इसलिए आवश्यक हो जाती है क्योंकि उससे उनकी साख पर असर पड़ता है, परन्तु सरकारी पत्रों में सन्दर्भ या निर्देश, क्रमांक, दिनांक तथा साक्ष्य की छोटी-सी भूल भी सरकार और सम्बन्धित अधिकारी तथा कर्मचारी के लिए महँगी पड़ सकती है।

२. **यथातथ्यता** (Factuality)—सरकारी पत्रों, परिपत्रों, सूचनाओं इत्यादि में भाषा यथातथ्यपूर्ण होती है। इन पत्रों में जो कुछ भी लिखा जाए वह पूर्णतः तथ्यों पर आधारित, सुसंगत विश्लेषण से युक्त होता है तथा एक तर्क से दूसरे तर्क की ओर एक अनुच्छेद से दूसरे अनुच्छेद की संगति भी रहती है। प्रारूपकार

के विभिन्न तर्क एवं साक्ष्य पूर्णतः स्पष्ट, निश्चित, संगत तथा पुनरुक्ति दोष से मुक्त होते हैं।

३. संक्षिप्तता (Brevity)—प्रारूपण में इधर-उधर की तथा सन्दर्भ-रहित बातें लिखने तथा दून की हाँकने की छूट प्रारूपकार को नहीं मिलती है। प्रारूपकार को जो कुछ कहना है, स्पष्ट और कम से कम शब्दों में लिखा जाता है। अतः प्रारूपण में लेखन-शैली की संक्षिप्तता एक महान गुण माना जाता है, परन्तु उसके लिए विषय का सम्यक् बोध और भाषा की सामर्थ्य—दोनों ही अपेक्षित हैं। राजकीय और प्रशासनिक अधिकारियों के पास अवकाश का अभाव और व्यस्तता अधिक रहती है, अतः प्रारूपण कम शब्दों में अधिक बात कहकर प्रारूपकार उनकी प्रशंसा का पात्र सहज ही बन सकता है।

४. पूर्णता (Completeness)—प्रारूपकार ऐसी भाषा प्रयोग करता है कि प्रारूपण की भाषा और प्रस्तुति में किसी प्रकार की कमी नहीं रहती है। सभी सूचनाएँ, सन्दर्भ या निर्देश और तथ्य—सब कुछ अपने आप में पूर्ण और स्पष्ट होते हैं तथा कोई भी अनिश्चय, सन्देह और अतिशयोक्ति उसमें नहीं रहती है। अतः प्रारूपण में प्रत्येक सूचना, तथ्य एवं निर्देश की पूर्णता होने के कारण सरकारी कर्मचारियों के स्थानान्तरण होने की दशा में आने वाले कर्मचारी को पत्रावली या फाइल देखकर उस विषय या मामले को समझने में कोई कठिनाई नहीं होती है। प्रारूपकार प्रारूपण लिखते समय 'विषय' का उल्लेख उचित स्थान पर इस प्रकार करता है कि उसका मन्तव्य उसे 'विषय' पर दृष्टि डालते ही स्पष्ट हो जाता है।

५. औपचारिकता (Formal)—राजकीय या सरकारी पत्रों में भाषा की अलंकारिता, कवित्वमयता और बात को घुमा-फिराकर कहने के लिए कोई अवसर नहीं होता है। अतः प्रारूपकार अपने प्रारूपण में भाषा एवं वाक्य-रचना पूर्णतः औपचारिक रखता है। वाक्य-रचना सदैव अन्य पुरुष, अप्रत्यक्ष कथन के रूप में की जाती है तथा प्रारूपणमें प्रयुक्त 'मैं' अथवा 'हम' शब्द का प्रयोग व्यक्तिवाचक न होकर 'पदवाचक' अथवा अधिकारी के पद के दायित्व-भार के अन्तर्गत होता है।

६. शिष्टता (Politeness)—प्रारूपण की शैली औपचारिक और तथ्यात्मक होते हुए भी उसके प्रस्तुतीकरण की भाषा विनम्र और शिष्टतापूर्ण होती है। कभी-कभी आदेशकर्त्ता को ऐसे आदेश भी निर्गत करना आवश्यक हो जाता है जो किसी कर्मचारी को मानसिक आघात भी पहुँचा सकता है, जैसे किसी को सेवा से निलम्बित करने का आदेश अथवा प्रदत्त धनराशि का कर्मचारी की आशा के अनुरूप न होना। ऐसी स्थिति में प्रारूपकार को ऐसी शब्दावली का प्रयोग करना होता है जिसमें भाषा की भद्रता एवं शिष्टता के साथ-साथ विनम्रता के साथ

दृढ़तापूर्वक सत्य का उद्घाटन होता हो।

७. पारम्परिक शैली का अनुसरण—प्रारूपण की विशेषता मुख्य रूप से यही है कि वह एक निश्चित प्रणाली, निर्धारित वाक्यावलि और निश्चित नियमों के अन्तर्गत अत्यन्त औपचारिक रूप में लिखा जाता है। विभिन्न प्रकार के पत्रों का प्रारूप भिन्न स्वरूप का होता है और उस स्वरूप के सुनिश्चय के पीछे कार्यालय-पद्धति की एक दीर्घ परम्परा तथा तत्सम्बन्धी कुछ विकसित रूढ़ नियम होते हैं और प्रत्येक प्रारूपकार को उनका पालन करना होता है। अतः पारम्परिक शैली का उल्लंघन और अनौपचारिक होने के लिए प्रारूपकार को कोई अवसर नहीं होता है।

८. पूर्वाग्रहहीनता—प्रारूपकार को प्रारूपण में तथ्यों का यथातथ्य रूप में रखना अनिवार्य है, भले ही उसकी व्यक्तिगत इच्छा या कामना वैसा प्रारूपण प्रस्तुत करने की न हो। प्रारूपण तैयार करते समय कर्मचारी की व्यक्तिगत इच्छा-अनिच्छा तथा पूर्वाग्रह आदि को कोई स्थान नहीं दिया जाता है और न प्रारूपकार अपने निजी कारणों से पूर्वाग्रह-युक्त प्रारूपण तैयार कर सकता है। उसे प्रारूपण में पूर्णतः पूर्वाग्रहहीन होना होता है।

९. पक्षपातहीनता—अच्छे प्रारूपण की यह विशेषता है कि उसमें विषम स्थितियों में भी पक्षपात नहीं होता। कोई भी अच्छा प्रारूपकार पक्षपात-रहित होकर तथ्य और यथार्थ को ही ध्यान में रखकर प्रारूप तैयार करता है और ऐसी दशा में वह किसी एक पक्ष के प्रति अपनी हार्दिकता, सम्वेदनशीलता एवं सदाशयता व्यक्त नहीं करता है, क्योंकि उसके लिए प्रत्येक पक्ष समान महत्त्व रखते हैं भले ही किसी पक्ष का हित हो अथवा अहित।

१०. सत्यनिष्ठता—प्रारूपण तैयार करते समय तथ्यों और सत्य वस्तुस्थिति के प्रति प्रारूपकार के समक्ष सत्यनिष्ठा ही एकमात्र आधार होती है क्योंकि तथ्यों के आधार पर ही किसी निष्कर्ष पर पहुँचा जा सकता है तथा प्रारूपण तैयार हो जाने के बाद उसके अनुमोदन से लेकर सम्प्रेषित हो जाने के बाद भी किसी प्रकार का भ्रम, संशय और अविश्वसनीयता उत्पन्न नहीं होती है।

निष्कर्ष रूप में कहा जा सकता है कि प्रारूपण एक ऐसी कला है जिसमें निरन्तर अभ्यास की आवश्यकता होती है तथा अन्य विधाओं की भाँति प्रारूपण सहज लिखने की प्रक्रिया नहीं है और न प्रत्येक व्यक्ति के वश की बात है। किसी भी कार्यालय में अच्छे प्रारूपकार या प्रारूपलेखक की सदैव पूछ रहती है।

प्रारूपण : रूपरेखा, पद्धतियाँ, शैली एवं विधि

प्रारूपण में प्रारूप-रचना करने से पूर्व उस विषय के हर पहलू और आशय को तथा तत्सम्बन्धी नियमोपनियम एवं पूर्व-परम्परा को समझ लेना किसी भी प्रारूपकार या प्रारूप-लेखक के लिए आवश्यक है ।

प्रारूप के मुख्य अंग

प्रारूपण तैयार करते समय प्रारूपकार को प्रारूप के निम्नलिखित अंगों या भागों का ध्यान रखना आवश्यक होता है—

(१) शीर्षक
(२) पत्र संख्या एवं दिनांक
(३) प्रेषक
(४) प्रेषिती
(५) विषय
(६) सन्दर्भ
(७) सम्बोधन
(८) मूल कथ्य-निर्देश
(९) स्वनिर्देश एवं हस्ताक्षर
(१०) संलग्नक सूचना
(११) पृष्ठांकन
(१२) संकेताक्षर
(१३) सम्बन्धित लिपिक के लघु हस्ताक्षर

१. शीर्षक—प्रारूपकार को किसी भी प्रारूप को तैयार करते समय सामान्यतः निम्नलिखित बातों को पूरी तरह ध्यान में रखना आवश्यक होता है---

(क) प्रारूपण तैयार करते समय सबसे पहले शासन, मंत्रालय, विभाग-प्रभाग का नामोल्लेख किया जाता है । जिन व्यावसायिक संस्थानों में मुद्रित पत्रक प्रयोग

किए जाते हैं उनमें पहले से ही व्यावसायिक संस्था का नाम छपा होता है, पर जिस विभाग या प्रभाग से वह पत्र भेजा जाना है, उसका उल्लेख मात्र प्रारूपकार को करना होता है। लेकिन केन्द्रीय सरकार और केन्द्रीय मंत्रालयों या निदेशालयों में प्रारूपण तैयार करते समय भिन्न परम्परा अपनायी जाती है। सबसे पहले पत्र के मध्य में शासन, मंत्रालय और विभागादि के उल्लेख से पहले ऊपर की पंक्ति में पत्रावली की संख्या का उल्लेख होता है, जबकि प्रान्तीय शासन के प्रारूपण में यह नहीं होता है। यथा—

(i) **प्रारूपण (केन्द्रीय शासन)**

२३/क/१/२६/सँस/८३
भारत सरकार
रक्षा मंत्रालय
जन सम्पर्क निदेशालय

(ii) **प्रारूपण (प्रान्तीय शासन)**

उत्तरप्रदेश शासन
शिक्षा (क-१५) विभाग
× × ×
राजस्थान सरकार
जन सम्पर्क निदेशालय
प्रकाशन संभाग

२. **पत्र-संख्या एवं दिनांक**— साधारणतः पत्र-संख्या बाईं ओर देने के बाद उसके ही समानान्तर दाईं ओर पहली पंक्ति में 'दिनांक' शब्द लिखकर स्थान खाली छोड़ दिया जाता है।

ध्यान रखने योग्य बात यह है कि केन्द्रीय सरकार के प्रारूपों में पत्र-क्रमांक विभागीय शीर्षक के ऊपर तथा उसके बाद पहली पंक्ति में दाईं ओर विभाग का पूरा पता, टेलीफोन नम्बर, स्थान तथा पिनकोड लिखा जाता है और फिर उसके नीचे कुछ स्थान छोड़कर 'दिनांक' शब्द का उल्लेख किया जाता है। यथा—

(i) उत्तर प्रदेश············
शिक्षा················

पत्र-क्रमांक············ दिनांक············

(ii) २-क—१/२६/७६
भारत············
·········निदेशालय

ऐल-१ ब्लाक
चर्च रोड हटमेण्टस

नई दिल्ली-११०००१

दिनांक..............

(३) **प्रेषक**—पत्र-क्रमांक और दिनांक आदि का उल्लेख करने के बाद प्रारूपण में बिलकुल बाईं ओर पत्र-क्रमांक के ठीक नीचे कुछ स्थान छोड़कर 'प्रेषक' शब्द लिखकर दूसरी पंक्ति में पत्र भेजने वाले का नाम, पद नाम, विभाग का नाम और अगली पंक्ति में पता एवं पिनकोड दिया जाता है। यथा—

(i) पत्रांक शिक्षा १० (क)/२४/८३ दिनांक..........

प्रेषक—

रमेशचन्द दुबे, (नाम)
संयुक्त सचिव, (पद नाम)
शिक्षा (१०) विभाग (कार्यालय/विभाग का नामोल्लेख)
सचिवालय, उत्तर प्रदेश (पता)
लखनऊ (स्थान)

(ii) पत्र संख्या २/१६/८३

भारत सरकार

सूचना एवं प्रसारण मंत्रालय

पता..............
....

दिनांक..............

प्रेषक—

डॉ० बी० मुकर्जी, (नाम)
निदेशक, (पद नाम)
क्षेत्रीय प्रचार, सूचना एवं प्रसारण मंत्रालय (राजस्थान क्षेत्रीय कार्यालय) } (विभाग नाम)
गोपाल भवन, सी स्कीम (पता)
जयपुर—३०२००१ (स्थान/पिनकोड)

यहाँ यह द्रष्टव्य है कि प्रेषक अधिकारी का नाम जब प्रयुक्त किया जाएगा तो श्रीमती या कुमारी—जैसी भी स्थिति हो तो महिला अधिकारी के नाम के पूर्व लगाया जाना आवश्यक है। इसी प्रकार पुरुष अधिकारी के नाम के साथ 'डॉ०' आदि उपाधि आदि का उल्लेख तो किया जाएगा पर नाम मात्र के पूर्व में 'श्री' नहीं प्रयुक्त किया जाता पर 'आई० ए० एस०', 'आई० एफ० एस०', 'पी० सी० एस०', 'आर० ई० एस०', 'आर० ए० एस०', 'आर० पी० एस०' आदि का उल्लेख किया जाएगा। लेकिन जब नाम के स्थान पर 'पद नाम' का ही उल्लेख किया जा रहा हो तो वहाँ 'कुमारी अथवा श्रीमती' आदि का उल्लेख नहीं किया जाएगा—

(i) (कुमारी) सुधा राजहंस

आर० ए० एस०

............सचिव

....

(ii) (श्रीमती) सुषमा पण्डित

आई० ए० एस०

............सचिव

....

(iii) संयुक्त सचिव,

....

....

४. प्रेषिती—प्रेषक के नाम, पद नाम तथा कार्यालय आदि के उल्लेख के बाद उसके नीचे 'प्रेषक' शब्द के ठीक नीचे 'प्रेषिती' शब्द लिखकर कुछ स्थान छोड़कर नई पंक्ति से उस व्यक्ति का नाम, पद नाम, कार्यालय या पूरा पता तथा पिनकोड लिखा जाता है, जिसको उक्त पत्र भेजा जाना है। यथा—

(i) प्रेषिती—

श्री बाबूराम शुक्ला
संयुक्त सचिव
शिक्षा (१२-क) विभाग
उत्तर प्रदेश सचिवालय,
लखनऊ

(ii) प्रेषिती—

डॉ० एस० एन० श्रीवास्तव
कुलपति
कुमाऊँ विश्वविद्यालय
नैनीताल-२६३००१

(iii) प्रेषिती—

कुमारी/श्रीमती...............

आई० ए० एस०/पी० सी० एस०

...............सचिव (पद नाम)

.......................(विभाग का नाम)

.......................(कार्यालय का पता)

....(पिनकोड)

५. विषय—पत्र प्रापक (प्राप्तकर्त्ता) या प्रेषिती को जो पत्र भेजा जा रहा

है, उसका 'विषय' निर्देशित करना उपयुक्त रहता है। ऐसी स्थिति में 'वि ष' शब्द लिखकर कोलन लगाकर संक्षिप्त रूप में पत्र के मूल विषय का शीर्षक दिया जाता है जिससे पत्र का उद्देश्य तुरन्त ही प्रापक या प्राप्तकर्त्ता को उसकी पहली दृष्टि में ही आ जाता है तथा उसे तत्सम्बन्धी प्रभाग या अनुभाग में अग्रिम कार्यवाही हेतु भेज देता है। ध्यान रखने योग्य बात यह है कि विषय के अन्तर्गत शीर्षक अत्यन्त संक्षिप्त होना चाहिए।

६. **सन्दर्भ**—यदि पत्र किसी पूर्व-प्राप्त पत्र के उत्तर में लिखा जा रहा है तो उस प्रारूप के तैयार करते समय प्रारूपकार को 'सन्दर्भ' देने की आवश्यकता भी होती है। ऐसी स्थिति में प्रारूपकार 'विषय' शब्द के ठीक नीचे ही दूसरी नई पंक्ति से 'सन्दर्भ' शब्द लिखकर कोलन लगाकर पूर्व-पत्र का सन्दर्भ अवश्य लिखता है।

विषय एवं सन्दर्भ का उदाहरण निम्न प्रकार है—

विषय : प्राध्यापकों की निजी प्रोन्नति के सम्बन्ध में

सन्दर्भ : राजाज्ञा पत्र-संख्या............

दिनांक.........

७. **सम्बोधन**—सरकारी और व्यावसायिक पत्र प्रायः औपचारिक होते हैं तथा जिसे यह पत्र लिखा जा रहा है, उससे पत्र-लेखक, आवेदक या प्रेषक का व्यक्तिगत सम्बन्ध नहीं होता है। अतः इन पत्रों में 'सम्बोधन' के शब्दों में परिवर्तन नहीं होता है। 'महोदय/महोदया', 'प्रिय महोदय/महोदया', 'माननीय महोदय', 'मान्यवर' आदि ही प्रयोग में लिए जाते हैं। राज्यपाल के लिए 'महामहिम महोदय' शब्द का तथा 'प्रधानमंत्री' के लिए 'महामाननीय' शब्द का प्रयोग किया जाता है। ध्यान रहे कि ये पत्र व्यक्तिगत नहीं होते हैं अतः इनमें 'सम्बोधन' शब्द के बाद 'शिष्टाचार' विषयक शब्दों का प्रयोग नही किया जाता है।

८. **मूलविषय-निर्देश**—सम्बोधन के पश्चात् मूलकथ्य या मूलविषय का निर्देश किया जाता है जिसमें विषय का सविस्तार तथ्यात्मक, सतर्क, विश्लेषण-परक प्रतिपादन किया जाता है। मूलकथ्य के अन्तर्गत प्रारूपकार को मिम्नलिखित बातों का ध्यान रखना आवश्यक होता है—

(अ) पत्र का आरम्भ—प्रारूपकार यदि किसी शासकीय पत्र, किसी संस्था, मंत्रालय आदि के पत्र के उत्तर में प्रारूप तैयार कर रहा है तो उसका सन्दर्भ देते हुए प्रारूप निम्न रूप से आरम्भ किया जाता है—

—'कृपया अपने पत्रांक.................दिनांक..............
का अवलोकन करें।'

—'कृपया सन्दर्भगत पत्रांक..............दिनांक..............
का अवलोकन करें।'

जब पूर्व सन्दर्भ ज्ञात न हो तो ऐसी स्थिति में प्रारूप निम्न प्रकार से आरम्भ किया जाता है—

—'विषयान्तर्गत निवेदन है कि······'

—'निवेदन है कि उक्त विषय में······'

(आ) **अनुच्छेदीकरण**—प्रारूप लम्बे आकार का है या उसका मूल स्वरूप परिपत्र के समान है तो उसमें अनुच्छेदों की संख्या का निर्देश करना भी आवश्यक होता है, पर अनुच्छेदों की संख्या का उल्लेख करते हुए प्रथम अनुच्छेद पर क्रम-संख्या एक न लिखकर दूसरे से क्रम-संख्या २, ३, ४ आदि लगाते जाते हैं।

अनुच्छेदीकरण में कभी-कभी शीर्षक एवं उपशीर्षकों का भी निर्देश किया जाता है। यह विषयवस्तु को और अधिक स्पष्टता प्रदान करने के लिए आवश्यक होता है।

(इ) **नियमों एवं कथनों का उद्धरण**—कई बार यह आवश्यक होता है कि मत-पुष्टि के लिए या प्रसंगवश किसी नियम, उपनियम, परिनियम या अधिनियम या किसी उच्चाधिकारी के कथन या किसी राजाज्ञा का उल्लेख भी दिया जाए। ऐसी स्थिति में कई बार प्रारूपण में केवल नियम, परिनियम या अधिनियम की धारा का अथवा अधिकारी के पत्रांक के अनुच्छेद या राजाज्ञा के पत्रांक एवं दिनांक का उल्लेख करने से ही काम चल जाता है, परन्तु तत्काल स्मरण दिलाने या सन्दर्भ उपलब्ध कराने की दृष्टि से यथासम्भव मूलकथन को उद्धरण रूप में प्रस्तुत किया जाता है। जब विस्तृत रूप से अभिज्ञान कराना आवश्यक होता है तो मूलकथन में कोष्ठक में 'संलग्नक संख्या······' का उल्लेख कर दिया जाता है।

९. **स्व-निर्देश एवं हस्ताक्षर**—शासकीय प्रारूपों में मूलकथ्य समाप्त हो जाने के बाद 'स्व निर्देश' करते हुए औपचारिकता के निर्वाह के लिए 'भवदीय/भवदीया, 'आपका' अथवा 'आपका विश्वासपात्र' (यदि आवश्यक हुआ तो) आदि का उल्लेख किया जाता है। फिर उसके नीचे पर्याप्त स्थान हस्ताक्षर किए जाने के लिए छोड़ दिया जाता है। हस्ताक्षर के लिए स्थान छोड़कर कोष्ठक में प्रेषक का पूरा नाम लिखा जाता है।

नामोल्लेख के नीचे वाली पंक्ति से अधिकारी या प्रेषक का पद नाम एवं विभागोल्लेख करना होता है।

१०. **संलग्नक सूचना**—पत्र की विषय-वस्तु को अधिक स्पष्ट करने के लिए विस्तृत विवरण या सूचनार्थ कुछ पत्र, परिपत्र या नियम, परिनियम, अधिनियम या अन्य प्रमाण विषयक कागज मूल पत्र के साथ संलग्न किए जाते हैं। प्रारूप में पत्र समाप्ति एवं स्व-निर्देश के बाद बाईं ओर 'संलग्न' लिखकर कोलन लगाकर मूल पत्र के साथ जितने भी संलग्नक हों, की संख्या का उल्लेख किया जाता है।

यथा—

संलग्न : तीन

अथवा

संलग्न : (१).........

(२).........

(३).........

११. पृष्ठांकन—शासकीय पत्र-व्यवहार में या किसी संस्थान के पत्र-व्यवहार के समय कभी-कभी ऐसा भी होता है कि एक पत्र भेजा तो किसी एक अधिकारी को जाता है, परन्तु उस विषय से सम्बद्ध सभी अधिकारियों या व्यक्तियों या संस्थाओं को सूचनार्थ उस पत्र की प्रतिलिपियाँ भेजी जाती हैं। ऐसी स्थिति में 'पृष्ठांकन' को प्रारूप स्थान मिलता है तथा ऐसी स्थिति में पत्र के मूल में लिखित पत्र-संख्या एवं दिनांक का उल्लेख करने के बाद दूसरी पंक्ति 'प्रतिलिपि प्रेषित' या 'आवश्यक कार्यवाही हेतु प्रेषित' या 'सूचनार्थ प्रेषित' वाक्यांश लिखकर नई पंक्ति से जितने व्यक्तियों, अधिकारियों एवं संस्थानों को प्रतिलिपियाँ भेजी जानी होती हैं उनका नाम एवं पूर्णपता क्रमबद्ध रूप में क्रमसंख्या लगाते हुए लिख दिया जाता है। जब सूची समाप्त हो जाती है तो मूल पत्र की प्रथम प्रति में आज्ञा से लिखकर उसके नीचे प्रेषक अधिकारी के हस्ताक्षर के लिए स्थान छोड़ने के बाद नीचे भी कोष्ठक में दिए नाम और दूसरी पंक्ति में दिए गए पद नाम से ऊपर होते हैं। पर अन्य सभी प्रतियों में मूल पत्र में हस्ताक्षर करने के स्थान पर पृष्ठांकन के नीचे वाले स्थान पर हस्ताक्षर किए जाते हैं। यथा—

पत्र-संख्या......... दिनांक............

प्रतिलिपि निम्नलिखित की सूचनार्थ एवं अग्रिम कार्यवाही पूरी की जाने हेतु प्रेषित—

(१) ....(नाम, पदनाम, कार्यालय का पता)

(२) ....(नाम, डाक का पूरा पता)

(३) .... आज्ञा से

[अभयनारायण शुक्ला]

संयुक्त सचिव

गृह (क) मंत्रालय

१२. संकेताक्षर—प्रारूप जब अधिकारी द्वारा अनुमोदित, परिवर्तित या परिवर्द्धित होने के बाद सम्बन्धित लिपिक और अनुभागाधिकारी के पास से टंकण-कर्त्ता (टंकक) के पास जाता है तो टंकक मूल पत्र तथा उसके संलग्नक एवं पृष्ठांकन आदि के उल्लेख के पश्चात् पत्र के अन्त में बाईं ओर अपना संकेताक्षर एवं टंकण करने का दिनांक भी टंकित कर देता है जिससे यह ज्ञात हो जाता है कि

किस टंकक ने कब उक्त पत्र टंकित किया था। यथा—

पाण्डे : १४-६-८३ : पाण्डे ने १४ जून ८३ को टंकित किया।

नेगी : १४-६-८३ : नेगी ने १४ जून ८३ को टंकित किया।

विस : १४-६-८३ : विष्णु सहाय ने १४ जून ८३ को टंकित किया।

१३. सम्बन्धित लिपिक के लघु हस्ताक्षर—जब प्रारूप टंकित होकर सम्बन्धित लिपिक के पास आता है तो वह अनुमोदित प्रारूप से टंकित पत्र का मिलान करने के पश्चात् अधिकारी के पास हस्ताक्षरार्थ भेजने से पूर्व मूल पत्र की अन्तिम प्रति या कार्यालय प्रति (ओ० सी०) पर अपने लघु हस्ताक्षर करता है तथा तिथि का भी उल्लेख करता है। तभी अधिकारी उस टंकित पत्र पर हस्ताक्षर करता है। यदि लिपिक के लघु हस्ताक्षर नहीं हैं तो अधिकारी हस्ताक्षर नहीं करेगा क्योंकि यह सम्भावना रहती है कि टंकित और अनुमोदित प्रारूप में टंकण की कोई भी भूल रही हो।

प्रारूपण-लेखन की पद्धतियाँ

शासकीय कार्यालयों एवं मंत्रालयों में प्रारूपण-लेखन की कुछ स्पष्ट एवं भिन्न पद्धतियाँ प्रचलित हैं। पर सबसे पहले प्रारूपण तैयार करने के लिए सक्षम कौन है—यह विचारणीय है।

मंत्रालयों और कार्यालयों में प्रारूपण का कार्य सम्पादित करने वाला कोई कनिष्ठ या वरिष्ठ लिपिक, प्रभाग-अधिकारी या उच्च अधिकारी के निजी सहायक अथवा स्वयं अधिकारी ही प्रारूपकार हो सकते हैं। जब प्रारूपण उच्चाधिकारी के अतिरिक्त किसी अन्य प्रारूपकार को तैयार करना होता है तो हस्तलिखित अथवा टंकित प्रारूप को उच्चाधिकारी के पास अनुमोदन या स्वीकृति हेतु भेजा जाता है तथा उस पर एक स्लिप या पताका (Flag) लगा दी जाती है—'अनुमोदनार्थ प्रारूप' (Draft for Approval or D. F. A.)।

प्रारूपण तैयार करने की निम्नलिखित विधियाँ हैं—

(i) सामान्य प्रारूपण पद्धति
(ii) सर्वोच्च अधिकारी द्वारा प्रदत्त शक्तियों के प्रयोग की पद्धति
(iii) उच्चाधिकारी में निहित अधिकारों के प्रयोग की पद्धति

प्रथम सामान्य प्रारूपण पद्धति में प्रारूपकार किसी भी कार्यालय के लिए प्रारूप तैयार करके अपने उच्चाधिकारी के अनुमोदन के लिए प्रस्तुत करता है। उस प्रारूपण में संशोधन, परिवर्द्धन या परिवर्तन आवश्यक हुआ हो तो सक्षम अधिकारी द्वारा कर दिया जाता है और ऐसी स्थिति में अधिकारी 'यथा संशोधित अनुमोदित' लिखकर अपने लघु हस्ताक्षर करके पत्रावली वापस भेज देता है।

दूसरी पद्धति में सर्वोच्च अधिकारी यथा राष्ट्रपति (केन्द्र स्तर पर) और

राज्यपाल (राज्य स्तर पर) स्वयं किसी प्रारूप का अनुमोदन नहीं करते हैं पर कुछ आदेश इन दोनों के नाम से प्रसारित होते हैं। ऐसे आदेशों के नीचे उन्हीं अधिकारियों के हस्ताक्षर होते हैं जिन्हें राष्ट्रपति ने संविधान की धारा ७७ के अनुच्छेद २ के अन्तर्गत ऐसा करने के लिए अधिकृत कर रखा है। ऐसे आदेशों के प्रारूपण तैयार करते समय 'भारत के राष्ट्रपति............' से प्रारूप आरम्भ किया जाता है और राष्ट्रपति के स्थान पर किए गए अधिकृत अधिकारी के हस्ताक्षर प्रमाणीकृत होते हैं। इसी प्रकार राज्य स्तर पर 'राज्यपाल' के नाम से भी संविधान द्वारा प्रदत्त शक्तियों का प्रयोग करते हुए अधिकृत अधिकारी भी आदेश प्रसारित करता है।

तीसरी पद्धति में किसी स्वायत्त संस्था अथवा सहकारी संस्था के सुचारु रूप से कार्यसम्पादन हेतु किसी नवनियुक्त या कार्यकारी अधिशासी या अधिकारी को कुछ शक्तियाँ प्रदत्त की जाती हैं। ऐसी स्थिति में, प्रारूपण तैयार करते समय उन शक्तियों एवं अधिकारों का प्रयोग करने का स्पष्ट उल्लेख आदेश में किया जाता है और अन्त में 'आज्ञा से' शब्द से स्वनिर्देश किया जाता है।

प्रारूपण तैयार करने की शैली

शासकीय कार्यपद्धति या सरकारी कामकाज में पत्रों के प्रारूपण की दो विधियाँ प्रचलित हैं—

अ—अंग्रेजी शैली

आ—अमेरिकन शैली

अंग्रेज़ी शैली (English Style) में पत्र-व्यवहार करते समय प्रारूपकार को प्रारूप परम्परित ढंग से आरम्भ करना होता है।

इस विधि में चौथाई हाशिया छोड़कर सबसे पहले बाईं ओर 'सेवा में' लिखा जाता है। फिर उसके नीचे की पंक्ति में कुछ स्थान छोड़कर अधिकारी का पद नाम, तीसरी पंक्ति में कुछ स्थान छोड़कर कार्यालय का पता और अन्त में नई पंक्ति में स्थान का नाम लिखा जाता है।

स्वनिर्देश में 'आपका आज्ञाकारी' या 'भवदीय' पृष्ठ के दाईं ओर लिखा जाता है तथा उसके नीचे हस्ताक्षर तथा दूसरी पंक्ति में कोष्ठक में प्रेषक का नाम और तीसरी पंक्ति में पता लिखा जाता है। यथा—

.........(शासन)

.........(विभाग)

पत्रांक

सेवा में

शिक्षा निदेशक

उच्च शिक्षा
उत्तर प्रदेश
इलाहाबाद

लखनऊ, दिनांक..........

महोदय,

....

....

भवदीय
(ह०)
(राधा रमण वर्मा)
उपसचिव
गृह (१२-क) मंत्रालय
भारत सरकार

(ii) ....(शासन)
............(विभाग)

पत्र-संख्या..........

सेवा में

शिक्षा निदेशक
उच्च शिक्षा
उत्तर प्रदेश
इलाहाबाद।

लखनऊ, दिनांक.........

विषय :................

प्रिय महोदय,

....

.............................।

भवदीय,
(ह०)
(कौशल चन्द्र पाटनी)
संयुक्त सचिव
....

(iii) ....(शासन)
............(विभाग)

पत्रांक.......... दिनांक..........

प्रेषक :……… …

…………

प्रेषिती :…………

…………

विषय :…………

महोदय,

……………………………………………………………

………… ….. ।

भवदीय

(ह०)

(भगवान सहाय)

उपसचिव।

अमेरिकन शैली (American Style) में पत्र-व्यवहार करते समय प्रारूपकार पत्र का प्रारूपण बायें हाथ को पर्याप्त हाशिया छोड़ने के बाद पहली पंक्ति से लेकर पत्र की अन्तिम पंक्ति तक हाशिए के बराबर से ही प्रारूप की विषय-वस्तु लिखता चलता है और अन्त में 'स्वनिर्देश' में दाईं ओर न रखकर 'बाईं ओर' हाशिये के साथ ही 'भवदीय' शब्द लिखता है। कोष्ठक में नामोल्लेख के बाद नाम पद आदि लिखा जाता है।

इस विधि में कभी-कभी पत्र-लेखक प्रापक प्रेषिती का पता भी नीचे बाईं ओर ही अपने नाम-पते के बाद कुछ स्थान छोड़कर अंकित कर देता है, जिससे लिफाफे पर पता अंकित करने में लिपिक को सुविधा रहती है।

इस शैली के पत्रों में स्वनिर्देश के नीचे ही 'संलग्नक' (Enclosures) की सूचना अंकित रहती है और उसके नीचे ही संकेताक्षर भी होते हैं, पर इस संकेताक्षर में केवल टंकक का नाम होता है, तिथि आदि का उल्लेख नहीं किया जाता।

अमेरिकन शैली का पत्र-व्यवहार अधिसंख्य रूप में व्यावसायिक संस्थानों द्वारा किया जाता है, परन्तु ऐसा नहीं है कि शासकीय कार्यालयों में इस शैली का प्रयोग वर्जित हो। वर्तमान समय में निगमों, निकायों, स्वायत्त संस्थाओं आदि में इसी शैली के पत्र-व्यवहार का अनुसरण किया जाता है। यथा—

………(संस्था/शासन नाम)

………(विभाग/अनुभाग/प्रभाग नाम)

पत्रांक………　　　　दिनांक…………

प्रेषक :

डॉ० एस० एस० खन्ना

उपसचिव

शिक्षा (१५) विभाग
उत्तर प्रदेश सचिवालय
लखनऊ
प्रेषिती :
कुलपति
कुमाऊँ विश्वविद्यालय
नैनीताल (उत्तर प्रदेश)
विषय :............
सन्दर्भ : आपका पत्र संख्या............ दिनांक............
महोदय,
सन्दर्भगत पत्र के उत्तर में मुझे यह कहने का निदेश हुआ है कि...............
.... ।
इसी विषय में मुझे यह भी कहने का निदेश हुआ है कि.........
भवदीय
............(ह०)
[डॉ० एस० एन० खन्ना]
उपसचिव ।
संलग्न : (१)............
(२)............
पत्र-संख्या............ दिनांक............
प्रतिलिपि सूचनार्थ एवं आवश्यक कार्यवाही हेतु प्रेषित—
(१)............
(२)............
(३)............
आज्ञा से
............(ह०)
(डॉ० एस० एन० खन्ना)
उपसचिव ।

पूर्ण प्रारूप का उदाहरण

उत्तर प्रदेश शासन
शिक्षा (१५) विभाग
पत्र-संख्या ६८९५/१५(१५)-१९८३-४६(७)८२ दिनांक २४-१-१९८४
प्रेषक :

डॉ० एस० एस० खन्ना,
उपसचिव
शिक्षा (१५) अनुभाग
उत्तर प्रदेश शासन

प्रेषिती :

वित्त अधिकारी/कुलसचिव--
समस्त राज्य विश्वविद्यालय
उत्तर प्रदेश

विषय : राज्य विश्वविद्यालयों के शिक्षणेतर कर्मचारियों को सेवा निवृत्तिक लाभों की स्वीकृति

महोदय,

उपर्युक्त विषय की ओर आपका ध्यान आकर्षित करते हुए मुझे यह कहने का निदेश हुआ है कि………………।

२. इन सेवा निवृत्तिक लाभों का आगणन…………………………।

(i) …………
(ii) …………
(iii) …………

३. ………………………………………………।
४. ………………………………………………।
५. ………………………………………………।

भवदीय

संलग्न : शासनादेश संख्या
———दिनांक…………

[डॉ० एस० एस० खन्ना]
उपसचिव,
उत्तर प्रदेश शासन

संख्या ६८६५/१५(१५)-१९८३-४६(७)८२

दिनांक २४-१-८४

प्रतिलिपि निम्नलिखित को सूचनार्थ एवं आवश्यक कार्यवाही हेतु प्रेषित—

१. महालेखाकार उत्तर प्रदेश, इलाहाबाद।
२. परीक्षक, स्थानीय निधि लेखा, उ० प्र०, इलाहाबाद (४ प्रतियाँ)
३. शिक्षा निदेशक (उच्च शिक्षा) उ० प्र०, इलाहाबाद
४. कोषाधिकारी…………

५. कुलपति, विश्वविद्यालय,.........

६. ....

७. ....

८. ....

आज्ञा से

[एस० एस० खन्ना]

उपसचिव

प्रारूपण-विधि

प्रत्येक सरकारी अथवा व्यावसायिक संस्थान में विभिन्न अवसरों पर प्रयुक्त पत्र-व्यवहार में प्रारूपण का प्रयोग किया जाता है। सरकारी कार्यालयों में प्रारूपण के लिए निश्चित एवं पूर्व निर्धारित विधियाँ निम्नलिखित हैं—

(१) प्रारूपकार—प्रारूप तैयार करने वाला किसी कार्यालय का कोई लिपिक, उच्चलिपिक, कोई प्रभागाधिकारी (सैक्शन आफीसर) या उच्चाधिकारी का निजी सहायक (पर्सनल असिस्टैण्ट) अथवा स्वयं उच्चाधिकारी हो सकता है। यह अवश्य है कि जब उच्चाधिकारी प्रारूपण तैयार करता है तो अपने श्रुत-लिपिक (स्टेनो) अथवा निजी सहायक (पर्सनल असिस्टैण्ट जो स्टेनो भी होता है) को स्वयं लिखवाता है।

कई बार यह भी होता है कि प्रारूप तैयार किए जाने से पहले उच्चाधिकारी या सम्बन्धित अधिकारी से परामर्श कर लिया जाता है तथा प्रारूप की रूपरेखा समझ ली जाती है। इस स्थिति में प्रारूपण किए जाने पर कच्चा प्रारूप उच्चाधिकारी के पास अनुमोदनार्थ एवं संशोधनार्थ प्रस्तुत कर दिया जाता है तथा उस पर लिपिक द्वारा 'अनुमोदनार्थ प्रारूप' (Draft for Approval or D. F. A.) की पताका संलग्न कर दी जाती है।

प्रारूपकार जब कई प्रारूप अनुमोदन हेतु एक ही पत्रावली (फाइल) के साथ भेजता है तो उन पर 'अनुमोदनार्थ प्रारूप-१, अनुमोदनार्थ प्रारूप-२' आदि लिखता है।

प्रारूपकार कच्चा प्रारूप अनुमोदनार्थ भेजने से पूर्व बाईं ओर अपने आद्य-हस्ताक्षर (Initials) भी करता है।

(२) सरकारी आदेशों का प्रमाणीकरण—सरकारी आदेशों में कुछ आदेश ऐसे होते हैं जिन्हें राष्ट्रपति के नाम से निर्गत किया जाता है, पर वास्तविक रूप में उन पर राष्ट्रपति के हस्ताक्षर नहीं होते हैं। ऐसे आदेशों के नीचे उन्हीं अधिकारियों के हस्ताक्षर हो सकते हैं जिनको संविधान की धारा ७७ के अनुच्छेद २ के अन्तर्गत राष्ट्रपति ने ऐसा करने का अधिकार प्रदत्त किया हो। इस तरह

राष्ट्रपति के स्थान पर किए गए हस्ताक्षर प्रमाणीकृत माने जाते हैं तथा जिन विषयों के लिए आदेश जारी करने का अधिकार राष्ट्रपति ने संविधान के अनुसार केन्द्रीय सरकार को दे रखा है, उन आदेशों को केन्द्रीय सरकार के नाम पर उसके उच्चाधिकारी निर्गत कर सकते हैं। समय-समय पर पुराने आदेशों को निरस्त (रद्द) करके नये आदेश या अध्यादेश निर्गत (जारी) किए जाते हैं, उनका ध्यान भी प्रमाणीकरण (authentication) के निमित्त रखा जाना चाहिए।

(३) **टीप या संशोधन**—प्रारूपण किए जाने के लिए प्रत्येक कार्यालय में अनुक्रम पत्र या 'नोट शीट' (Note Sheet) काम में लिए जाते हैं। प्रारूपण कच्चे रूप में अनुक्रमपत्र के दोनों ओर लिखे या टंकित किए जा सकते हैं तथा अनुक्रम-पत्र के आधे बायें भाग को पार्श्व या हाशिये के रूप में छोड़ दिया जाता है ताकि उच्चाधिकारी अपनी वांछित 'टीप' लिख सके या संशोधन कर सके।

प्रारूपण इस प्रकार कच्चे रूप में तैयार किया जाता है कि लिखे अथवा टंकित किए रूप में भी दो पंक्तियों के मध्य पर्याप्त स्थान आवश्यक टीप या संशोधन के लिए मिल सके और संशोधन करने में किसी प्रकार की कठिनाई न हो।

(४) **प्रारूपों पर संख्यांकन**—पत्रावली (File) में रखे जाने वाले सभी प्रारूपों पर प्रारूपकार को पत्रावली संख्या या संकेताक्षर (Code) डालना आवश्यक है, इससे प्रारूपों के खो जाने अथवा अलग पत्रावलियों में रखे जाने की आशंका नहीं रहती। साथ ही एक पत्रावली से सम्बन्धित प्रारूप दूसरी पत्रावली में रख दिए जाने की सम्भावना नहीं रहती है।

(५) **उत्तर की समयावधि**—कुछ कार्यालयों में कुछ कार्य प्राथमिकता के स्तर पर किए जाने आवश्यक होते हैं एतद्विषयक पत्रावलियों से सम्बन्धित प्रारूप तैयार करते समय यह जानते हुए कि ये मामले आवश्यक हैं तो पत्रोत्तर की अपेक्षा की अवधि सम्बन्धित अधिकारी, विभाग, मंत्रालय या राज्य सरकार को सूचित की जानी आवश्यक है ताकि एक निश्चित अवधि में उत्तर प्राप्त किया जा सके। यह इसलिए भी आवश्यक होता है क्योंकि निर्धारित समय अथवा तिथि बीत जाने पर सम्बन्धित अधिकारी, विभाग अथवा मंत्रालय को अनुस्मारक या अनुस्मरण पत्र (Reminder) भेजा जा सके।

(६) **बहुप्रतिलिपीकरण**—कुछ कार्यालयों में कुछ पत्रों या परिपत्रों की रूपरेखा ऐसी होती है जिन्हें बार-बार भेजा जाता है तथा उन पत्रों में बार-बार या हर बार परिवर्तन करने की आवश्यकता नहीं रहती है। ऐसी स्थिति में प्रारूपकार का दायित्व होता है कि समय और धन के अपव्यय से सुरक्षा के लिए उच्चाधिकारी को सूचित कर उन पत्रों की बहुत-सी प्रतियां मुद्रित कराके अथवा साइक्लोस्टाइल्ड कराके रख ली जाएँ। इससे कार्य में अनावश्यक विलम्ब नहीं

होता और कार्यालय के कार्य में त्वरा आती है।

(७) **संशोधनों का प्रमाणांकन**—कार्यालयों में प्रारूपकार द्वारा कच्चे प्रारूप के प्रस्तुत किए जाने पर जो संशोधन प्रारूप में आवश्यक समझकर किए गए हैं या प्रारूप में जो काट-छाँट की गई है, उसके लिए संशोधनकर्त्ता अधिकारी को अपने आद्य हस्ताक्षर (initials) करना आवश्यक है क्योंकि उन आद्य हस्ताक्षर के बिना संशोधनों को प्रमाणित नहीं माना जा सकता।

(८) **अविलम्बता-निर्देशन**—कार्यालयों में कुछ पत्र ऐसे भी होते हैं जो डाक या सन्देशवाहक द्वारा उसी दिन, तुरन्त या अविलम्ब भेजने होते हैं। ऐसे पत्रों का प्रारूपण करते हुए प्रारूपकार का यह दायित्व है कि वह प्रारूप तैयार करते ही टंकण या उच्चाधिकारी के अनुमोदनार्थ या हस्ताक्षरार्थ भेजते समय उस पर 'आज ही प्रेषित' (Out Today), सन्देशवाहक या चपरासी द्वारा (Through Messenger/peon), 'अविलम्ब', 'तत्काल', 'अति प्राथमिकता', 'अग्रता', 'अत्यावश्यक' आदि की पताका (Slip) लगाकर भेजे ताकि अनावश्यक विलम्ब से बचा जा सके।

(९) **संशोधित प्रारूप से मिलान**—प्रारूप के अनुमोदन और टंकण होने के वाद जब लिपिक या प्रारूपकार के पास सम्बन्धित पत्रावली वापस आती है तो यह उसका पूर्णतः दायित्व हो जाता है कि टंकित प्रतियों का मिलान संशोधित एवं अनुमोदित प्रारूप से भली भाँति कर लिया जाए तथा तदनुरूप वांछित संशोधन यथास्थान कर लिए जाएँ। इसके पश्चात् उन्हें सम्बन्धित अधिकारी के पास हस्ताक्षर करने भेजा जाए। इस टंकित एवं संशोधित पत्र को अधिकारी के पास हस्ताक्षरार्थ भेजते समय पत्र की अन्तिम प्रति 'कार्यालय प्रति' पर प्रारूपकार या सम्बन्धित लिपिक को अपने आद्यक्षर (Initials) करना भी आवश्यक है।

पत्र-लेखन : महत्त्व एवं प्रकार

हमारे दैनिक जीवन में पत्र-व्यवहार का विशेष एवं महत्त्वपूर्ण स्थान है। पत्र-लेखन में पत्र-लेखक का व्यक्तित्व प्रभासित होता है। बिना देखे हुए ही पत्र-लेखक की मानसिकता से परिचित अगर हो सकते हैं तो पत्रों के माध्यम से ही। पर पत्र-लेखन की एक महत्त्वपूर्ण भूमिका कुछ और भी है। पत्र द्वारा हम व्यक्तिगत समाचारों का ही आदान-प्रदान नहीं करते, परन्तु विभिन्न प्रकार की वस्तुओं के लिए क्रयादेश देते हैं, आवेदन-पत्र देते हैं, अधिकारियों का ध्यान अपनी ओर आकर्षित करते हैं तथा विभिन्न उत्सवों पर निमन्त्रण पत्रादि लिखते हैं। इस प्रकार व्यक्तिगत और सामाजिक तथा व्यावसायिक स्तर पर पत्रों का महत्त्व और स्थान हमारे जीवन में विशेष है।

पत्र-लेखन का महत्त्व

पत्र-लेखन का हमारे दैनिक जीवन में अत्यधिक महत्त्व है। पत्र-लेखन से किसी पत्र-लेखक के विषय में या उसके व्यक्तित्व के सम्बन्ध में निष्कर्ष दिए जा सकते हैं क्योंकि पत्र उसके व्यक्तित्व की कसौटी सिद्ध होते हैं। पत्रों का हमारे दैनिक जीवन में एक विशेष स्थान है। अपने सम्बन्धियों तथा मित्रों को पत्र द्वारा विभिन्न व्यक्तिगत समाचार दिए जा सकते हैं। व्यावसायिक क्षेत्र में विभिन्न प्रकार की वस्तुओं के क्रयादेश भी पत्रों द्वारा ही सम्भव होते हैं, यहाँ तक वस्तुओं का प्रचार भी पत्रों के माध्यम से ही होता है। सरकारी कार्यालयों तथा अन्य संस्थानों में विविध प्रकार के कामकाज की सुव्यवस्था बनाए रखने के लिए भी पत्र लिखना आवश्यक होता है। यही नहीं, विवाह, जन्म-दिवस, मुण्डन आदि उत्सवों पर भेजे जाने वाले निमन्त्रण भी पत्रों के अन्तर्गत आते हैं। अतः हमारे जीवन में पत्र-लेखन का महत्त्व पर्याप्त मात्रा में है।

पत्रों के प्रकार

पत्र-लेखन के विविध रूप होते हैं, पर सामान्यतः पत्र निम्न प्रकार के होते हैं—

(१) व्यक्तिगत या निजी पत्र अथवा पारिवारिक पत्र
(२) सामाजिक पत्र
(३) व्यावसायिक पत्र
(४) प्रशासकीय पत्र
(५) कार्यालयीय पत्र

(१) **व्यक्तिगत या निजी पत्र**—व्यक्तिगत पत्र अपने परिवार के व्यक्तियों, सम्बन्धियों, मित्रों, तथा परिचितों को लिखे जाते हैं। अतः इन्हें निजी अथवा पारिवारिक पत्र भी कहते हैं।

व्यक्तिगत पत्र, निजी या पारिवारिक पत्र पारिवारिक सदस्यों, मित्रों, अपने से बड़े या छोटों तथा बराबर वालों द्वारा एक-दूसरे के लिए लिखे जाते हैं। इनमें पारिवारिक बातें, आवश्यकताएँ तथा अपेक्षाओं का उल्लेख रहता है। निमन्त्रण-पत्र, शोक-सम्वेदना पत्र, बधाई पत्र आदि इसी के अन्तर्गत आते हैं।

(२) **सामाजिक पत्र**—सामाजिक पत्र वैसे व्यक्तिगत पत्रों का ही एक विशिष्ट प्रकार है पर इनका वर्गीकरण अलग से किया जाना उचित है। निमन्त्रण पत्र, शोक-सम्वेदना पत्र और बधाई पत्र जहाँ व्यक्तिगत स्तर के पारस्परिक सम्बन्धों से सम्बन्धित होते हैं, वहीं वे व्यक्तिगत से अधिक सामाजिक सन्दर्भ की महत्ता ही प्रतिपादित करते हैं तथा ये औपचारिकता का स्पर्श भी लिए रहते हैं।

(३) **व्यावसायिक पत्र**—व्यावसायिक पत्र व्यक्तिगत या निजी पत्रों एवं सामाजिक पत्रों से भिन्न होते हैं। सामान्यत: व्यावसायिक पत्र व्यावसायिक संस्थान, व्यापारिक कम्पनियों या दूकानदारों द्वारा अपने सामान को बेचने या अन्य सामान मँगाने या परस्पर व्यावसायिक सम्बन्ध स्थापित करने या उत्पादन सम्बन्धी पूछताछ,-बैंक, बीमा सम्बन्धी व्यवहार के लिए प्रयुक्त किए जाते हैं। ये प्राय: औपचारिक स्पर्श लिए हुए भी विनम्रता से परिपूर्ण रहते हैं।

(४) **प्रशासकीय पत्र**—प्रशासकीय पत्र अधिकारियों द्वारा उच्चाधिकारियों, एक मंत्रालय से दूसरे मंत्रालयों को आवेदन पत्र के रूप में या प्रतिवेदन के रूप में अथवा प्रत्यावेदन (या अभिवेदन) के रूप में सुस्पष्ट, संयत, औपचारिक भाषा में तथ्यात्मक रूप में लिखे जाते हैं। ऐसे पत्रों का रचनाविधान अन्य सामान्य पत्रों से भिन्न होता है और जिस अधिकारी को लिखा जाता है उससे कोई सम्बन्ध न होने के कारण शिष्टाचार के शब्द 'नमस्ते', 'नमस्कार', 'प्रणाम' आदि का उल्लेख नहीं किया जाता है।

(५) **कार्यालयीय पत्र**—कार्यालयीय पत्र उक्त सभी पत्रों से अपनी प्रकृति के कारण भिन्न होते हैं। सरकारी कामकाज या शासकीय व्यवस्था बनाए रखने के लिए शासन के विभाग की गतिविधियों, आदेशों, सूचनाओं और निर्णयों की सूचना सम्बन्धित व्यक्ति अथवा विभाग को दी जाती है। शासकीय कार्यालयों में दैनिक पत्र-व्यवहार की एक निश्चित विधि होती है। सर्वप्रथम पत्रों का प्रारूपण तैयार करके सम्बन्धित अधिकारी से अनुमोदन कराया जाने के बाद टंकित कराके मूल हस्ताक्षरार्थ अधिकारी को प्रेषित किया जाता है।

प्रशासकीय पत्र

प्रशासकीय पत्र शासन की कार्यपद्धति या शासकीय कामकाज से ही सम्बन्धित होते हैं। कभी-कभी ये अशासकीय संस्थानों एवं व्यक्तियों आदि की ओर से भी तैयार किए जाते हैं। अपने रचना-विधान में ये पत्र कार्यालयीय पत्रों से किंचित् भिन्नता लिए रहते हैं क्योंकि कार्यालयीय पत्रों में पत्रावली का सन्दर्भ, पत्र-संख्या आदि का तो उल्लेख होता ही है, पर उसमें शासकीय आदेश या राजाज्ञा का वह अंश नहीं होता जो शासन द्वारा कार्यालय के कामकाज विषयक पत्रों में निहित रहता है।

प्रशासकीय पत्र ऐसे पत्र हैं जो सरकारी कार्यकलाप के सुचारु रूप से संचरण के लिए सरकारी कार्यालयों, मंत्रालयों, विविध समवायों के मध्य व्यावहारिक रूप में प्रयोग किए जाते हैं। प्रशासनिक पत्रों में पत्र उच्चाधिकारी द्वारा अपने अधीनस्थों, अधीनस्थ कार्यालयों को अथवा अपने से उच्च अधिकारियों के लिए लिखे जाते हैं। जब उच्चाधिकारियों को पत्र लिखे जाते हैं, तब मंत्रालयों या उनसे निर्देशन पाने के लिए प्रयोग किए जाते हैं, परन्तु अधीनस्थ कार्यालयों को निर्देश देने तथा आदेश पालनार्थ लिखे जाते हैं। लेकिन कुछ पत्र इन दोनों स्थितियों से भिन्न स्थितियों में भी लिखे जाते हैं। कभी वे अपनी माँग के लिए होते हैं तो कभी शिकायत के रूप में भी होते हैं। आवेदन पत्र का स्वरूप व्यक्तिगत अथवा पारिवारिक पत्रों से भिन्न होता है किन्तु व्यावसायिक पत्रों से कुछ साम्य रखता है। कार्यालयीय पत्र भी व्यक्तिगत, पारिवारिक तथा व्यावसायिक पत्रों से सर्वथा भिन्न होते हैं क्योंकि इनके द्वारा शासन विभिन्न गतिविधियों, आदेशों, सूचनाओं तथा निर्णयों की सूचनाएँ व्यक्ति एवं विभागों को देता है।

प्रशासकीय पत्रों के प्रकार

(क) आवेदन-पत्र (Applications)

(ख) प्रत्यावेदन पत्र (Representations)

(ग) प्रतिवेदन (Reports)

(घ) पुनरावेदन (Appeal)

इनका सविस्तार विवेचन यहाँ किया जा रहा है।

(क) आवेदन पत्र (Application)

आवेदन पत्र व्यावहारिक पत्रों की श्रेणी में आता है, लेकिन इसका रचना-विधान अन्य व्यावहारिक पत्रों से भिन्नता लिए रहता है। इसका मूल कारण यह होता है कि पत्र लेखक तथा उद्दिष्ट अधिकारी के मध्य कोई विशेष सम्बन्ध न होने के कारण इस प्रकार के पत्रों में विनम्रता और औपचारिकता की अधिकता होती है।

आवेदन पत्र के प्रकार

आवेदन विविध विषयों और विविध आवश्यकताओं के अनुरूप सदैव लिखे जाते रहते हैं। आवेदन पत्र के प्रमुख प्रकारों का उल्लेख निम्न प्रकार है—

(i) नियुक्ति हेतु आवेदन पत्र

(ii) अवकाश हेतु आवेदन पत्र

(iii) स्थानान्तरण/पदोन्नति हेतु आवेदन पत्र

(iv) अग्रिम धन/शिक्षा एवं चिकित्सा सुविधा हेतु आवेदन पत्र

(v) शुल्कमुक्ति/अनुदान हेतु आवेदन पत्र

उदाहरण :

(क) नियुक्ति हेतु आवेदन पत्र

उदाहरण-१

सेवा में

प्राचार्य,
आर्यकन्या महाविद्यालय
अल्मोड़ा (उ० प्र०)

विषय : लिपिक पद हेतु आवेदन पत्र
सन्दर्भ : आपका विज्ञापन, नवभारत टाइम्स,
दिनांक २४ मई १९८३

महोदय,

सन्दर्भगत विज्ञापन से मुझे विदित हुआ है कि आपके कार्यालय में एक लिपिक का स्थान रिक्त हुआ है। मैं उक्त पद के लिए अपना प्रार्थना-पत्र आपकी सेवा में प्रस्तुत करता हूँ।

मेरी शैक्षिक योग्यता एवं अनुभव निम्न प्रकार है—

(१) मैंने उ० प्र० माध्यमिक शिक्षा परिषद से हाईस्कूल परीक्षा वर्ष १९७८ में

द्वितीय श्रेणी में उत्तीर्ण की है।

(२) मैंने उक्त परिषद की इण्टरमीडिएट परीक्षा वर्ष १९८० में द्वितीय श्रेणी में उत्तीर्ण की है।

(३) मैंने कुमाऊँ विश्वविद्यालय से बी० ए० की परीक्षा हिन्दी सामान्य, हिन्दी साहित्य, अंग्रेजी साहित्य और अर्थशास्त्र विषय लेकर वर्ष १९८२ में द्वितीय श्रेणी में उत्तीर्ण की है।

(४) मैंने रूबी कर्मशियल कालेज नैनीताल से हिन्दी टाइपिंग का एकवर्षीय कोर्स पूरा किया है तथा मेरी टाइपिंग की स्पीड ३० शब्द प्रति घण्टा है।

(५) मैं अध्ययन काल में ही सायंकाल पार्ट टाइम में लिपिक का कार्य दो वर्ष से प्राइवेट संस्थान में करता रहा हूँ।

(६) मैं बीस वर्षीय स्वस्थ एवं सक्रिय युवक हूँ तथा फुटबाल और क्रिकेट का खिलाड़ी रहा हूँ।

उक्त शैक्षिक योग्यताओं एवं अनुभव आदि के प्रमाणपत्रों की प्रतियाँ संलग्न करते हुए मैं आपसे अनुरोध करता हूँ कि आपके कार्यालय में उक्त पद पर सेवा करने का अवसर प्रदान करें। मुझे आशा ही नहीं विश्वास है कि मैं आपको अपने कार्य और व्यवहार से किसी असन्तोष का कारण नहीं होने दूंगा।

उचित निर्णय की आशा के साथ

आपका विश्वासपात्र
(चन्द्रेश कुमार शर्मा)

संलग्न : पाँच प्रमाणपत्रों की
सत्यापित प्रतियाँ

दिनांक ३० मई, १९८३

उदाहरण-२

प्राचार्य,
सेठ जी० पी० पोदार कालेज
नवलगढ़-३३३०४२

विषय—प्रवक्ता पद के लिए आवेदन पत्र

महोदय,

आपके विज्ञापन हिन्दुस्तान टाइम्स दिनांक १४ अप्रैल १९८३ से मुझे ज्ञात हुआ है कि आपके कालेज में अर्थशास्त्र विषय के प्रवक्ता का पद रिक्त है।

एक अभ्यर्थी के रूप में उक्त पद के लिए मैं अपना आवेदन पत्र प्रस्तुत कर रहा हूँ। मेरी शैक्षिक योग्यताएँ एवं कार्यानुभव सहित संक्षिप्त विवरण निम्न प्रकार है—

१. नाम सुधीरकुमार

२. पिता का नाम	श्री जगतनारायण
३. जन्म/आयु	६ जून १९६० बीस वर्ष (लगभग)
४. डाक का पता	सुधीरकुमार २४/६ बड़ा बाजार, बरेली (उ० प्र०)
५. शैक्षिक योग्यताएँ	(i) हाईस्कूल (उ० प्र० परिषद) १९७६, प्रथम श्रेणी ६१.५% (ii) इण्टरमीडिएट (उ० प्र० परिषद) १९७८, प्रथम श्रेणी ६१% (iii) बी० ए० (अंग्रेजी साहित्य, हिन्दी साहित्य एवं अर्थशास्त्र सहित) १९८०, द्वितीय श्रेणी ५८% (iv) (आगरा विश्वविद्यालय) एम० ए० (अर्थशास्त्र) १९८२, प्रथम श्रेणी ६३% (आगरा विश्वविद्यालय) प्रथम स्थान
६. शोध	परीक्षा परिणाम के पश्चात् मैं अर्थशास्त्र विषय में पी-एच० डी० उपाधि के लिए आगरा कालेज के प्रोफेसर डॉ० भट्टाचार्य के निर्देशन में शोधकार्यरत हूँ।
७. अध्यापन अनुभव	मैं वर्तमान में राष्ट्रीय महाविद्यालय, बरहन, आगरा में जुलाई १९८२ से अर्थशास्त्र के प्रवक्ता पद पर कार्यरत हूँ, जहाँ स्नातक स्तर की कक्षाएँ संचालित होती हैं।
८. प्रकाशन	इकानिमिक टाइम्स, योजना आदि में समय-समय पर अर्थशास्त्र विषयक निबन्ध प्रकाशित होते रहे हैं।
९. शिक्षणेतर कार्यकलाप	अपने महाविद्यालय में अध्ययन काल में विभिन्न सांस्कृतिक प्रतियोगिताओं एवं वाद-विवाद प्रतियोगिताओं में भाग लेता रहा हूँ तथा अखिल भारतीय नाटक प्रतियोगिता नैनीताल १९७९ में सर्वश्रेष्ठ अभिनेता का पुरस्कार प्राप्त कर चुका हूँ। अखिल भारतीय वाद-विवाद प्रतियोगिता १९८० में पोदार महाविद्यालय में ही प्रथम पुरस्कार प्राप्त कर चुका हूँ। इसके अतिरिक्त मैं बैडमिण्टन और

टेबिलटेनिस का कालेज इलैवन का प्रतिनिधित्व करता रहा हूँ।

१०. अन्य — मैं, २३ वर्षीय स्वस्थ एवं सक्रिय कर्मशील युवक हूँ।

मैं आपको विश्वास दिलाता हूँ कि नियुक्ति होने पर मैं पूर्ण निष्ठा एवं परिश्रमपूर्वक कार्य करूँगा तथा मेरे अध्ययन एवं व्यवहार से आपको कभी शिकायत का अवसर प्राप्त नहीं होगा।

प्रमाणपत्रों एवं प्रशंसापत्रों की सत्यापित प्रतिलिपियाँ संलग्न हैं।

मुझे आशा ही नहीं, विश्वास है कि आप एक बार मुझे कालेज में सेवा का अवसर अवश्य ही प्रदान करेंगे।

संलग्न : सत्यापित प्रमाणपत्रों की प्रतिलिपियाँ-१२

भवदीय
(ह०)............
[सुधीरकुमार]
२४/६ बड़ा बाजार, बरेली

बरेली,
दिनाक २० अप्रैल १९८३

इसके पश्चात् आवेदन पत्र को लिफाफे में बन्द करके उस पर प्रेषिती (सम्बोधित अधिकारी) का पता और आवेदक (प्रेषक) का पूरा नाम व पता निम्न प्रकार लिखा जाता है। पत्र यदि पंजीयत (रजिस्टर्ड) डाक से अथवा पंजीयत डाक के प्राप्ति रसीद (पावती) से भेजा जाना है, तो उसका उल्लेख भी किया जाता है—

पंजीयत डाक/पंजीयत डाक पावती सहित

सेवा में

............(पद नाम)
............(विभाग नाम)
............(डाक का पता)
............पिनकोड

प्रेषक :

(नाम)............
(पता)............
(पिनकोड)............

(ख) प्रत्यवेदन (Representation)

प्रत्यावेदन के समानान्तर अन्य शब्दों अभिवेदन, अभ्यावेदन का भी उल्लेख मिलता है। प्रत्यावेदन सरकारी कार्यालयों अथवा किसी भी व्यक्ति द्वारा किसी कार्यालय अथवा अधिकारी, कर्मचारी द्वारा किए गए निर्णय, आरोप अथवा कार्य

के विरुद्ध पुनर्विचार करने हेतु उस अधिकारी से उच्च पदस्थ अधिकारी को सम्बोधित करके लिखा जाता है।

प्रत्यावेदन उस स्थिति में लिखा या दिया जाता है जब किसी अधिकारी, कर्मचारी या व्यक्ति के प्रति किसी प्रकार की कार्यवाही (चाहे वह अनुशासनात्मक ही क्यों न हो) के आदेश निर्गत हो जाते हैं। ऐसी स्थिति में अपने विरुद्ध निर्गत आदेश के निर्णयों, लगाए गए आरोपों तथा निर्दिष्ट दण्ड के सम्बन्ध में पुनर्विचार करने हेतु अपने उच्चाधिकारी से निवेदन किया जाता है।

प्रत्यावेदन के प्रारूप में सप्रमाण और सतर्क अपना पक्ष प्रस्तुत किया जाता है। इस प्रकार प्रत्यावेदन के निम्नलिखित अंग होते हैं—

(अ) **आरम्भ** : वस्तुस्थिति का उल्लेख
(आ) **मध्य** : तथ्यों के साक्ष्य में लगाए गए आरोपों/की गई कार्यवाही/निर्णय आदि का खण्डन और वैधानिक चुनौती
(इ) **अन्त** : वैधानिक संगति का उल्लेख
(ई) **प्रार्थना** : पुनर्विचार हेतु निवेदन
(उ) **संलग्नक** : पक्ष समर्थन हेतु सम्बन्धित प्रपत्रादि

आरम्भ में प्रारूपकार को की गई कार्यवाही अथवा वस्तुस्थिति का परिचय अथवा समुचित जानकारी सम्बोधित अधिकारी को देनी होती है। मध्य भाग में प्रारूपकार उन सभी तथ्यों, विगत कार्यवाहियों या नियमों का उल्लेख करता है जो उसका पक्ष समर्थन करते हैं तथा कार्यवाही के असंगत या विधि के विरुद्ध होने के लिए चुनौती देता है। तीसरे भाग में अपनी चुनौती की पुष्टि में उन सभी संगत नियम, परिनियमों, अधिनियमों तथा कानूनी निर्णयों का उल्लेख करता है जो उसके पक्ष का समर्थन करते हैं और अन्त में वह सभी तर्कसंगत और विधिसंगत उल्लेखों के साथ उच्चाधिकारी से अपने प्रति की गई कार्यवाही अथवा निर्णय के विरुद्ध न्याय की माँग करता है तथा वैधानिक संगति का निरूपण करते हुए कार्यवाही के औचित्य का ध्यान दिलाकर पुनर्विचार करने का निवेदन करता है।

प्रत्यावेदन का उदाहरण

सेवा में

............(पदाधिकारी का पदनाम)
............(विभाग नाम)
............(कार्यालयीय पता)
............(स्थान एवं पिनकोड)

विषय : ....
सन्दर्भ : ....का आदेशपत्र-संख्या................
दिनांक............

मान्यवर महोदय,

सेवा से सविनय निवेदन है कि······के पत्रसंख्या······दिनांक········ (जो संलग्नक······पर है) का अवलोकन करें, जिसमें मेरे विरुद्ध कहा गया है कि········।

इस सम्बन्ध में तथ्य ये हैं कि···········

(१) ···········

(२) ···········

(३) ···········

इसी सम्बन्ध में यह निवेदन भी है कि ऐसे ही एक मामले श्री········बनाम ······में मान्य उच्च न्यायालय·········का निर्णय वाद संख्या······में······ रहा है। इसी प्रकार·········विभाग में श्री·········के मामले में सरकार द्वारा निर्णय किया गया है कि·········है। संलग्नक संख्या ········द्रष्टव्य है)

विश्वास है कि उक्त तथ्यों के प्रकाश में आप मेरी प्रार्थना स्वीकार करेंगे तथा इस प्रत्यावेदन पर पुनर्विचार करके इस सम्बन्ध में उचित निर्णय लेकर अनुगृहीत करेंगे।

संलग्नक : चार

भवदीय

(हस्ताक्षर)············

[नाम···············]

स्थान············

पदनाम···············

दिनांक ··········

पूरा पता············

स्थान······पिन······

(ग) प्रतिवेदन (Report)

प्रतिवेदन का अंग्रेज़ी शब्द रिपोर्ट (Report) है तथा इसका प्रयोग कभी-कभी 'रिप्रिजेण्टेशन (Representation) के हिन्दी पर्याय के रूप में भी किया जाता है। पर अब उसके लिए अभिवेदन या प्रत्यावेदन शब्द ही स्वीकार किए जा चुके हैं। भारत सरकार द्वारा पारिभाषिक शब्द संग्रह (१९६२) में यद्यपि उसका अर्थ रिप्रिजेण्टेशन का हिन्दी शब्द 'प्रतिवेदन' ही दिया गया है (पृष्ठ १०६५-६६)।

प्रतिवेदन या रिपोर्ट सरकारी कार्यालयों, स्वायत्त संस्थानों, निगमों और निकायों में होने वाली भिन्न-भिन्न बैठकों की कार्यवाही एवं निर्णयों की सूचना को प्रसारित या प्रकाशित किये जाने हेतु तैयार किया जाता है। पर कभी-कभी ये प्रतिवेदन अपनी प्रकृति से दूसरे रूप में भी तैयार होते हैं या किए जाते हैं। अतः इसका स्वरूप निम्न रूपों में वर्गीकृत किया जा सकता है—

(i) वार्षिक या विवरणात्मक प्रतिवेदन

(ii) शिकायती प्रतिवेदन

(iii) गोपनीय प्रतिवेदन

सामान्य विवरणात्मक या वार्षिक प्रतिवेदन विभिन्न कार्यालयों, निकायों, निगमों या संस्थानों की विविध बैठकों की कार्यवाही का ऐसा लिखित रूप होता है जो 'कार्यवृत्त' (मिनिट्स) न होकर भी निर्णय के रूप में कर्मचारियों को अवगत कराने के लिए तैयार किया जाता है। शिकायती प्रतिवेदन किसी राजाज्ञा, निर्णय अथवा कार्यालय आदेश के विरुद्ध किसी व्यक्ति, संस्थान के कुछ व्यक्तियों अथवा ट्रेड यूनियनों को उनके अधिकारों पर होने वाले आघात के विरुद्ध लिखा या तैयार किया जाता है और उसके माध्यम से न्यायोचित माँग की जाती है तथा निर्णय के लिए निवेदन किया जाता है। गोपनीय प्रतिवेदन सरकारी कार्यालयों में सुधार लाने या व्यवस्था को सुचारु रूप से बनाए रखने के लिए अधीनस्थ कर्मचारियों एवं अधिकारियों के कार्य-व्यवहार एवं चाल-चलन के सम्बन्ध में वित्तीय वर्ष की समाप्ति पर उच्चाधिकारियों को लिखा जाता है जिसमें किसी भी कर्मचारी या अधिकारी को वर्ष भर के कार्य कलाप और कार्यालय में किए गए उसके उचित एवं अनुचित व्यवहार का उल्लेख किया जाता है। यदि गोपनीय प्रतिवेदन में उसके कार्य-शैथिल्य या अकर्मण्यता का उल्लेख गम्भीर होता है तो उस कर्मचारी या अधिकारी की वार्षिक वेतनवृद्धि रोकने की संस्तुति भी की जा सकती है। पर ऐसे गोपनीय प्रतिवेदन की सूचना उच्चाधिकारी द्वारा सम्बन्धित कर्मचारी या अधिकारी को अवश्य दी जाती है। ऐसी स्थिति में वह 'शिकायती प्रतिवेदन' प्रेषित कर सकता है।

उदाहरण-१

वार्षिक प्रतिवेदन

राजस्थान साहित्य अकादमी द्वारा अपने रजत जयन्ती वर्ष के अन्तर्गत अकादमी के बड़े शहरों से हटकर कस्बाई क्षेत्रों में अयोजित आंचलिक समारोह बहुत ही उपलब्धिमूलक रहे हैं, क्योंकि नये कृतिकारों की क्षमता से परिचित होने व उनसे जुड़ने का अवसर मिला और उनकी भावनाओं के प्रति आश्वस्ति भी। प्रान्त की आठ अकादमियों में हमारी अकादमी ही एकमात्र अकादमी है जिसके पास आज अपना भवन भी है और दूसरे चरण की पूर्ति होना अभी शेष है।

इस अवधि की महती उपलब्धि यह रही है कि नया वित्तीय सत्र प्रारम्भ होते ही सबसे पहले अकादमी के संविधान में संशोधन कार्य को प्राथमिकता के साथ पूरा किया गया। प्रान्त के साहित्यकारों में इस बात को लेकर रोष रहा

कि अकादमी में सृजनशील साहित्यकारों का प्रतिनिधित्व कम है और संस्थाओं तथा गैर साहित्यकारों की संख्या अधिक है। नये विधान में इस अभाव को दूर कर दिया गया है और नये विधान को राज्य सरकार की स्वीकृति मिल गई है और इसके आधार पर नई सरस्वती सभा का गठन किया गया है। अब नये सदन में संस्था प्रतिनिधियों की संख्या विगत तेरह के स्थान पर मात्र तीन है तथा पचास प्रतिशत से अधिक सदस्यता में ऐसे युवा साहित्यकारों को प्रवेश मिला है जो विगत पच्चीस वर्षों में अकादमी सदन में प्रथम बार प्रवेश कर रहे हैं।

अकादमी की मासिकी 'मधुमती' का जो काया-कल्प हुआ है, वह सबके सामने है। आज मधुमती हिन्दी की श्रेष्ठ पत्रिकाओं में अपना वर्चस्व स्थापित कर चुकी है। आज इसकी ग्राहक-संख्या १५०० के लगभग है जो किसी भी शुद्ध साहित्यिक एवं अव्यावसायिक पत्रिका के लिए 'उत्साहवर्द्धक कही जा सकती है। अब मधुमती का प्रत्येक अंक संग्रहणीय हो गया है। गुलेरी जन्मशती अंक तो अपने आप में ऐतिहासिक दस्तावेज है जिसकी सराहना सम्पूर्ण हिन्दी जगत ने की है।

एक और महत्त्वपूर्ण उपलब्धि रही है—राजस्थान के कृतिकारों पर प्रति-माह 'मोनोग्राफ' प्रकाशित करने की योजना, जिसकी देश-भर के विद्वानों ने मुक्त कंठ से प्रशंसा की है। इसके अन्तर्गत अब तक हरीश भादानी, हेतु भारद्वाज, जयसिंह नीरज, यादवेन्द्र शर्मा चन्द्र, राम जैसवाल, ईश्वरचन्द्र, ज्ञान भारिल्ल, स्वयंप्रकाश, ऋतुराज, विश्वम्भरनाथ उपाध्याय, हेमन्त शेष, कैलाश जोशी, आलमशाह खान, रणजीत तथा विजेन्द्र को उनके कृतित्व और उसके समीक्षात्मक आकलन के साथ प्रस्तुत किया जा चुका है। यह योजना निरन्तरित है और मेरा विश्वास है कि भविष्य में ये 'मोनोग्राफ' राजस्थान की सृजन-यात्रा को समझने के लिए सन्दर्भग्रन्थ के रूप में महत्त्वपूर्ण सिद्ध होंगे।

इसी वर्ष की एक और महत्त्वपूर्ण नई योजना आरम्भ हुई है। अब तक अकादमी की आलोचना इस बात के लिए होती रही थी कि इसके प्रकाशन व्याव-सायिक स्तर पर बिक नहीं पाते हैं और प्रतिवर्ष हजारों रुपयों को प्रकाशन परव्यय करके 'डम्प' कर दिया जाता है। इस वर्ष अकादमी ने प्रयोग के तौर पर लेखकों से पाण्डुलिपियाँ आमन्त्रित कर उनकी समीक्षा करवाकर तीस पाण्डुलिपियों में से नौ को स्तरीय मानते हुए अकादमी ने उनके प्रकाशन पर आर्थिक सहयोग दिया है। इसके विनिमय में अकादमी ने लेखक से मात्र पच्चीस प्रतियाँ पुस्तकालय को देने की अपेक्षा की है। यह प्रयोग सफल रहा है। इससे एक ओर अकादमी पुस्तक छापने और बेचने और न बेच पाने पर आलोचना के सिरदर्द से बच गई है, वहाँ दूसरी ओर लेखक को कृति का सर्वस्वलाभ मिलने का सुयोग भी प्राप्त हुआ है।

इस सत्र की एक और महत्त्वपूर्ण उपलब्धि 'अन्तर प्रान्तीय साहित्यकार

बन्धुत्व' के कार्यक्रम का आयोजन रहा। अकादमी के अध्यक्ष के नेतृत्व में प्रान्त के दस साहित्यकर्मियों के दल ने गुजरात के साहित्यकारों के सम्पर्क एवं विचार-विनिमय की दृष्टि से अहमदाबाद की यात्रा की और त्रिदिवसीय विचारगोष्ठियों में भाग लिया। इस यात्रा के विनिमय में गुजरात के बीस साहित्यकारों का दल उदयपुर आया। इस यात्रा के विनिमय में पारस्परिक बन्धुत्व की यह योजना बड़ी महत्त्वपूर्ण सिद्ध हुई है।

अब अकादमी ने टेप लाइब्रेरी की योजना को प्रभावी ढंग से लागू करने का प्रयत्न किया है। स्व० गुलेरी, झाब्बरमल शर्मा, गिरिधर शर्मा नवरत्न के नाम पर फैलोशिप प्रारम्भ करने, आंचलिक समारोहों को और प्राणवान व अर्थपूर्ण बनाने, नाट्य सर्जन-तीर्थ करने, पुस्तकालय भवन का निर्माण आरम्भ कराने, प्रसार व्याख्यानमाला योजना शुरू करने आदि के अतिरिक्त अकादमी के विभिन्न पदों पर डेपूटेशन पर आए अधिकारियों को वापस भेजकर उन पदों पर स्थायी रूप से अकादमी में कार्यरत वरिष्ठ कार्यकर्त्ताओं की पदोन्नति की लाभकारी योजना भी कार्यान्वित हुई है।

इस वर्ष राजस्थान अकादमी का रजत जयन्ती वर्ष है जिसके दीर्घसूत्री आयोजनों की सूचनाएँ विज्ञापित हो चुकी हैं। अकादमी की मान्यता है कि राजस्थान के रचनाधर्मियों की हर पीढ़ी के लोगों का स्नेह और सहयोग प्राप्त कर हम प्रान्त के रचनाधर्मी, विपुल सम्भावनाओं से सम्पन्न साहित्यकारों के सृजन को सही ढंग से अखिल भारतीय स्तर पर प्रतिष्ठित कर सकेंगे। किसी भी साहित्यकार की क्षमता के मूल्यांकन का अन्तिम मानदण्ड अकादमी नहीं हो सकती; पर अकादमी अधिक से अधिक साहित्यकारों से जुड़े—यह हमारा ईमानदार और विनम्र प्रयत्न है।

उदाहरण-२

शिकायती प्रतिवेदन

प्रेषक :

वरिष्ठ लिपिक,
················विभाग
················

प्रेषिती : निदेशक
················निदेशालय
················

विषय : श्री············के अनुभागाधिकारी
पद पर प्रोन्नति के सम्बन्ध में
शिकायती प्रतिवेदन

महोदय,

सविनय निवेदन है कि आपके-पत्र संख्या............दिनांक............ द्वारा इस मुख्यालय पर श्री............को अनुभागाधिकारी के पद पर प्रोन्नत किया गया है। जबकि श्री............की यह प्रोन्नति गलत और असंवैधानिक है।

श्री............की नियुक्ति दिनांक ....को वरिष्ठ लिपिक पद पर हुई थी। इस वरिष्ठ पद के लिए लोक सेवा आयोग की लिखित परीक्षा उत्तीर्ण करना आवश्यक है (देखिए सेवाशर्त सम्बन्धी नियम संलग्नक संख्या १)। श्री......... आज तक इस परीक्षा में नहीं बैठे हैं और न श्री.........वरिष्ठ लिपिक वर्ग सेवा में वरिष्ठतम हैं क्योंकि उन्हें मात्र तीन वर्ष पूर्व ही कनिष्ठ लिपिक वर्ग की दीर्घ सेवाओं के कारण विभागीय प्रोन्नति दी गई है।

इस सम्बन्ध में निवेदन यह है कि श्री.........की प्रोन्नति से मेरी प्रोन्नति को आघात लगा है तथा किसी भी नियम, उपनियम, परिनियम और सेवा सम्बन्धी अधिनियम की किसी भी धारा के अन्तर्गत श्री.........मुझसे वरिष्ठ नहीं हैं।

अतः आपसे प्रार्थना है कि श्री.........की प्रोन्नति सम्बन्धी कार्यवाही पर पुनर्विचार करने का कष्ट करें तथा मेरी प्रोन्नति सम्बन्धी प्राप्त हक को अनदेखा न करें। इस सम्बन्ध में अब तक के गोपनीय प्रतिवेदनादि से भी मेरे कार्य के सम्बन्ध में पूरी जानकारी प्राप्त की जा सकती है और सेवा अभिलेखों का पुनर्निरीक्षण करके यह सुनिश्चित करने का कष्ट करें कि क्या श्री.........को मेरे स्थान पर प्रोन्नत किया जाना उचित है।

विश्वास करता हूँ कि आप संवैधानिक और वैधिक स्थिति और परिणामों के अनुसरण में श्री.........के अनुभागाधिकारी पद की प्रोन्नति विषयक आदेश वापस लिए जाकर नियमानुसार वैधिक रूप में मेरी प्रोन्नति के आदेश निर्गत करने की कृपा करेंगे।

भवदीय

स्थान............ (ह०)..............

दिनांक............

वरिष्ठ लिपिक

.........विभाग

(१) मेरी नियुक्ति इस विभाग में दिनांक.........को लोक सेवा आयोग की लिखित परीक्षा को उत्तीर्ण कर लेने के बाद हुई है।

(२) मेरी विभाग में नियुक्ति.........है जबकि श्री.........की सेवाएँ वरिष्ठ लिपिक पद पर दिनांक............से ही प्रारम्भ हुई हैं (देखिए संलग्नक संख्या २)

(३) इस वरिष्ठ लिपिक पद की निर्धारित यें योग्यताएँ भी श्री

.........धारण नहीं करते हैं, केवल कनिष्ठ लिपिक पद पर उनका अनुभव पन्द्रह वर्षों का है। केवल दीर्घकालीन सेवाओं के कारण आज तक इस विभाग में किसी को भी वरिष्ठ लिपिक पद पर श्री............की भाँति प्रोन्नत नहीं किया गया है और न सेवा परिनियमावली की किसी धारा के अन्तर्गत ऐसा सम्भव है।

(४) प्रोन्नति सम्बन्धी ऐसा कोई नियम, परिनियम या उपनियम उपलब्ध नहीं है जिसके अन्तर्गत श्री............इस प्रोन्नति के हकदार बनते हैं अन्यथा इस पद के लिए लिखित विभागीय परीक्षा के प्रावधान का कोई औचित्य नहीं है।

(५) श्री............मुझसे कनिष्ठ हैं और पद विषयक निर्धारित परीक्षा में सफल भी नहीं हैं अतः श्री............की प्रोन्नति असंवैधानिक एवं नियम-विरुद्ध है।

(६) राज्य सरकार द्वारा निर्धारित सेवा शर्तों, नियमों और परिनियमों के अन्तर्गत श्री.........की प्रोन्नति से मुझे व्यक्तिगत तौर पर प्रोन्नति की हानि हुई है और भविष्य में भी श्री.........मुझसे वरिष्ठ हो जाएँगे। इस प्रकार सेवा समापन काल तक मुझे निरन्तर हानि उठानी पड़ेगी तथा मेरी पेंशन निर्धारण पर भी श्री.........की इस प्रोन्नति का प्रभाव पड़ेगा।

उदाहरण-३

गोपनीय प्रतिवेदन

राजस्थान सरकार

जिला जनसम्पर्क कार्यालय

उदयपुर (राजस्थान)

पत्रांक सम्पर्क (२५)/क-गोपनीय/७९/२४३० दिनांक............

निदेशक

जनसम्पर्क निदेशालय

सचिवालय, राजस्थान

जयपुर ३०२००१

विषय : श्री.........का गोपनीय

प्रतिवेदन वर्ष १९७८-७९

महोदय,

कृपया अपने पत्र संख्या सम्पर्क (२५)/क-गोपनीय/७९६२ दिनांक......का अवलोकन करें।

श्री........इस कार्यालय में सूचना केन्द्र सहायक के पद पर तीन वर्ष पूर्व अस्थायी रूप में नियुक्त हुए थे। सूचना केन्द्र जनसम्पर्क माध्यम का केन्द्र है और

उससे जनप्रतिनिधियों के साथ निरन्तर कार्य करना होता है, पर श्री········ का कार्य-व्यवहार सूचना केन्द्र के किसी भी पटल (काउण्टर) पर उचित नहीं है और न वे व्यावहारिक बुद्धि के हैं। कई बार पत्रकार और जनप्रतिनिधियों से वे झगड़ पड़े हैं जिसकी मौखिक एवं लिखित शिकायतें यहाँ पत्रावली में उपलब्ध हैं। सूचना केन्द्र में प्रत्येक पद दायित्वपूर्ण है। ऐसी स्थिति में आप द्वारा अपेक्षित व्यवहार एवं सेवा सम्बन्धी आख्या के सन्दर्भ में, राज्य सरकार के हितों का ध्यान रखते हुए यह उचित प्रतीत होता है कि श्री·········को पटल सेवा के स्थान पर 'लिपिक वर्ग' में कहीं भी रखा जा सकता है।

भवदीय

(ह०)············

जनसम्पर्क अधिकारी

(घ) पुनरावेदन पत्र (Appeal)

पुनरावेदन पत्र एक प्रकार से ऐसा आवेदन है जिसे पुनः अधिकारी के विचारार्थ प्रस्तुत किया जाता है। इसमें वस्तुस्थिति का यथार्थ एवं सटीक परिचय, उसकी प्रभावकारी स्थितियाँ, भावी सम्भावनाओं का उल्लेख करते हुए विचारणीय समस्या के निदान के लिए निवेदन किया जाता है।

अपील दो प्रकार की हो सकती है—

(अ) व्यक्तिगत पुनरावेदन—राज्य सरकार या किसी कार्यालय के वरिष्ठ अधिकारी को प्रस्तुत किया जाने वाला पुनरावेदन रूप में किसी कार्यरत या आदेशादि से प्रभावित व्यक्ति द्वारा प्रस्तुत किया जाता है।

(आ) जन पुनरावेदन—जनप्रतिनिधियों, किसी संस्था के कई सदस्यों द्वारा किसी राज्यादेश या सामाजिक-राजनीतिक-आर्थिक प्रशासनिक निर्णय से उत्पन्न असंगतियों से मुक्ति के लिए सामूहिक रूप में लिखित जनता के लिए विचारार्थ पुनरावेदन प्रस्तुत किया जाता है।

सेवा में

कुलपति,
राजस्थान विश्वविद्यालय
जयपुर-३०२००४

—उचित माध्यम से—

विषय : उचित विकल्प की सुविधा प्रदान करने हेतु पुनरावेदन

महोदय,

सविनय निवेदन है कि मैं पत्राचार संस्थान, राजस्थान विश्वविद्यालय में एम०

ए० हिन्दी (उत्तरार्द्ध) का छात्र हूँ। विश्वविद्यालय के परीक्षा विभाग के पत्रांक १४१/आई० सी० सी०/८२ के सन्दर्भ में निम्नलिखित तथ्य आपकी सेवा में विचारार्थ प्रस्तुत करता हूँ।

(१) पत्राचार पाठ्यक्रम के अन्तर्गत विद्यार्थियों को पंचम प्रश्नपत्र के लिए जो विकल्प दिए गए हैं, उनमें 'भाषा' का विकल्प नहीं दिया गया है।

(२) तथ्य यह है कि निजी (Private) विद्यार्थियों या महिला विद्यार्थियों को इनमें भाषा का विकल्प लेने की छूट मिली हुई है।

(३) मैंने एम० ए० पूर्वार्द्ध परीक्षा में भाषा विज्ञान सम्बन्धी प्रश्न-पत्र में अच्छे अंक (पैंसठ प्रतिशत) प्राप्त करने पर यह भाषा विकल्प देने का अनुरोध किया था।

(४) पत्राचार के हिन्दी विभागाध्यक्ष ने अपने पत्रांक ३३४/आई० सी० सी०/८१ द्वारा इस शर्त के साथ यह विकल्प देना स्वीकार किया था कि मुझे न तो इस विकल्प के लिए पाठ भेजे जाएँगे और न सम्पर्क कार्यक्रम की सुविधा दी जाएगी। विभागाध्यक्ष की इस शर्त को मैंने स्वीकार कर लिया था और तदनुसार अक्तूबर'८१ में परीक्षा आवेदन-पत्र में भी यही विकल्प भरा था।

(५) पत्राचार संस्थान के पत्रांक १४१/आई० सी० सी०/८२ दिनांक १५ फरवरी, ८२ द्वारा सूचित किया है कि विश्वविद्यालय के परीक्षा विभाग ने यह विकल्प स्वीकार नहीं किया है क्योंकि इसके अध्यापन की व्यवस्था पत्राचार संस्थान में नहीं है तथा संस्थान द्वारा अध्यारित विकल्पों में से ही किसी एक विकल्प को चुनने का निर्देश दिया है।

मैंने अपने पत्र में यह अनुरोध विश्वविद्यालय से किया कि चूंकि मेरी परीक्षाएँ १६ मार्च १९८२ से प्रारम्भ हो रही हैं। अतः मेरे लिए इस समय विषय में परिवर्तन करके नये चार प्रश्न-पत्र तैयार करना असम्भव है। फिर इसमें मेरी कोई गलती नहीं है क्योंकि मुझे हिन्दी के विभागाध्यक्ष द्वारा सशर्त यह विकल्प चुनने की अनुमति दी गई थी। अतएव मुझे भाषा विकल्प में ही परीक्षा में बैठने की अनुमति प्रदत्त करने हेतु मैं अपना पुनरावेदन प्रस्तुत कर रहा हूँ।

पत्राचार संस्थान के निदेशक एवं हिन्दी विभागाध्यक्ष ने अपनी संस्तुतियों के साथ मेरी यह प्रार्थना परीक्षायोजक के पास सहानुभूतिपूर्वक विचार करने एवं अनुमति प्रदान करने के लिए भेज दी थी किन्तु उन्होंने अब आकर अनुमति देने से इन्कार कर दिया है।

अतः मैं आपसे प्रार्थना करता हूँ कि आप इस मामले में सहानुभूतिपूर्वक विचार करने तथा मुझे प्रार्थित विकल्प में ही परीक्षा देने की अनुमति के आदेश निर्गत करने की कृपा करें ताकि मैं बिना एक वर्ष की हानि उठाए परीक्षा में बैठ सकूँ।

भवदीय
[कमलेश कुमार]
एम० ए०, हिन्दी (उत्तरार्द्ध)
अनुक्रमांक १६१२५
पुत्र डॉ० अरविन्द कुमार
गोपीनाथ जी के मन्दिर के पास
मण्डावा-३३३७०१

दिनांक..............

उदाहरण

जनपुरावेदन (Public Appeal)

बन्धुओ !

नैनीताल की नैनी झील पर हमें खासा नाज है। इन मनोरम झील से हम विदेशी सैलानियों को भी लुभाते हैं। यह झील नहीं होती तो सम्मोहन आधा भी नहीं होता। लेकिन अब ये झील धीरे-धीरे मर रही है। अपनी सुन्दरता खोकर मलबे और प्रदूषण का जमाव बनती जा रही है। इसके लिए ज्यादातर प्रकृति से आदमी की छेड़छाड़ ही जिम्मेदार है।

झील के किनारे पर बने बेढंगे और सिनेमा के सेट जैसे होटलों के शहर नैनीताल में झील नहीं होती तो नैनीताल नैनीताल नहीं होता। लेकिन अब इस झील के पास आकर प्रकृति की सुन्दर छटा की बजाय दर्शकों का सामना गंधाते, गाढ़े हुए पानी से होता है। ताजा वैज्ञानिक अध्ययनों के मुताबिक नैनी झील में इतना ज्यादा प्रदूषण है कि यहाँ का पानी आदमी के पीने लायक नहीं रह गया है। गन्दगी से चलते इसकी मछलियों के मरने की खबरें भी आती रही हैं और यह भी देखने में आया है कि झील में नहाने पर कभी-कभी बदन पर चकते हो जाते हैं। करीब दो साल पहले कुमाऊँ विश्वविद्यालय के डाक्टर एस० एम० दास के जाँच दल ने कहा था कि मलवा जमा होने के कारण नैनी झील की पारदर्शिता घट कर महज १.५ मीटर रह गई है। और पानी गन्दला-हरा होने के साथ-साथ आक्सीजन की बेहद कमी है। पिछले ८० वर्षों में लगभग १५ फुट मलवे के जमाव और मेगनीशियम, कोबाल्ट, सीसा, जस्ता वगैरह धातुओं की मौजूदगी ने इस झील को सबसे ज्यादा नुकसान पहुँचाया है। झील के लिए एक बड़ा खतरा उन २५-२६ गन्दे नालों से है जो विभिन्न हिस्सों से झील में गिरते हैं। ध्यान देने योग्य यह है कि इसी झील का बीस लाख गैलन पानी नैनीताल के लोगों को पीने के काम आता है।

झील को सुन्दर बनाने के उपाय भी कई वर्षों से किए जा रहे हैं। लेकिन

उनका नतीजा स्तरीय बहसों और कागजी फैसलों से आगे नहीं बढ़ पाया। लगभग साढ़े नौ लाख रुपए की लागत से झील के किनारे दीवार लगाने का काम शुरू हुआ, पर यह दीवार अभी तक अधूरी है।

कुछ साल पहले नैनी झील का बड़ा हिस्सा जमीन धसकने से दब गया था। इस दुर्घटना में १५० जानें गईं। इसके बाद से और लगातार गाद जमने के कारण झील उथली हो गई है। कोई १५ साल पहले यह झील २ मीटर बारिश होने से लबालब हो उठती थी, पर आज डेढ़ मीटर से भी कम बारिश होने पर पूरी भर जाती है। यानी इस दौरान आधा मीटर तक मिट्टी की तह यहाँ जम गई है। मिट्टी के इस बढ़ते जमाव ने घासपात और पानी में होने वाली दूसरी वनस्पतियों के लिए उपजाऊ जगह का काम किया है। किसी जमाने की स्वच्छ निर्मल नैनी झील अब जमी मिट्टी के बोझ से दबी, शैवाल से घिरी गँदले जल का जमाव हो गई है।

झील को गन्दे पानी से बचाने के लिए कंक्रीट का बना, अंकूठी के आकार का एक 'ड्रेन' (निकास मार्ग) बनाने का सुझाव है। अन्तर्राष्ट्रीय संगठनों से भी सहायता का वादा है और वेन-टीयर की भूमिगत मलनिर्यात-सुरंग की योजना भी बनी है, जो मलमूत्र को झील में जाने से तो रोकेगी ही, उसे खाद में भी बदल सकेगी।

आज जरूरत इस बात की है कि नैनी झील को बचाने के लिए सरकारी कोशिशों का मुंह न देखा जाए, बल्कि जन-आन्दोलन चलाए जाएँ जो इस झील के महत्त्व के प्रति लोगों को जागरूक कर सकें और सरकारों के आँख-कान भी खोल सकें।

बिनीत
नैनीताल के नागरिक
१. ....
२. ....
३. ....
४. ....

कार्यालयीय पत्र : प्रकार एवं प्रारूपण

कार्यालयों में शासकीय कार्य-संचालन या सरकारी कामकाज की सुचारु व्यवस्था करने हेतु विभिन्न प्रकार के पत्र समय-समय पर लिखे जाते रहते हैं तथा ये पत्र निजी, सामाजिक, प्रशासकीय पत्रों से भिन्न स्तर और प्रकार के होते हैं। इनमें भी प्रारूपण की पूर्व निर्दिष्ट विधि ही प्राय: अपनाई जाती है। कुछ विशेष प्रकार के पत्रों में उसी विधि का अनुसरण नहीं किया जाता है क्योंकि कार्यालयीय पत्रों के प्रकार और वैशिष्ट्य के अनुसार ही उनका प्रारूपण भी भिन्नता के लिए रहता है।

कार्यालयीय पत्रों के प्रारूपण के लिए महत्त्वपूर्ण बात

(१) कार्यालयीय पत्रों का प्रारूपण सुस्पष्ट, सरल भाषा में तैयार किया जाता है। उसमें द्विअर्थक शब्दों का प्रयोग वर्जित है।

(२) कार्यालयीय प्रारूपों की सुनिश्चित एवं व्यवस्थित लेखन परम्परा है, उसका अनुसरण आवश्यक है।

(३) प्रारूपकार स्वेच्छया कोई भी बात नहीं कह सकता, उसे तथ्यपरक एवं पूर्व सन्दर्भों सहित सारी बातें निरपेक्ष रूप से प्रस्तुत करनी होती हैं।

(४) जहाँ आवश्यक होता है, वहाँ 'स्वनिर्देश' में पत्रप्रेषक अधिकारी का नामोल्लेख किया जाता है।

(५) जहाँ अधिनियमित किया गया हो, कुछ विशेष अधिकारियों को शक्तियाँ प्रदत्त की गई हों तथा हस्ताक्षर के लिए अधिकृत किया गया हो तो शासकीय पत्रों में 'राज्य सरकार की आज्ञा से', 'आज्ञा से', 'राज्यपाल के आदेश से' वाक्यांश लिख-कर नीचे अधिकृत अधिकारी हस्ताक्षर करते हैं।

(६) शासकीय पत्रों एवं निकाय अथवा निगमों के पत्रों के आरम्भ करने में एक विशेष अन्तर होता है। जहाँ शासकीय पत्रों का आरम्भ 'मुझे यह कहने का निर्देश हुआ है' या 'मुझे यह सूचित करने का निर्देश हुआ है' के स्थान पर निकाय

अथवा निगम के पत्रों का आरम्भ 'सादर निवेदन किया जाता है कि—, वाक्यांश से किया जाता है।

(७) शासकीय पत्रों में कई अनुच्छेद हो सकते हैं, परन्तु पहले अनुच्छेद पर क्रमोल्लेख नहीं किया जाता है। उसके बाद दूसरे पर अनुच्छेद क्रम संख्या '२' अंकित किया जाता है फिर क्रमशः इसी प्रकार आगे क्रम दिया जाता है।

(८) पृष्ठांकन मूलपत्र अविकल देते हुए नीचे अपने कार्यालय की पत्रावली की संख्या एवं निर्गत तिथि का संकेत कर वांछित व्यक्तियों को अग्रिम कार्यवाही करने के लिए भेजा जाता है। उसमें फिर कार्यालय से सम्बन्धित अथवा जिसे सम्बोधित किया गया है, वही अधिकारी हस्ताक्षर करता है।

(९) शासकीय पत्रो में निजी मत, आशय और युक्ति का कोई उल्लेख नहीं किया जाता है, लेकिन नियमों, अधिनियमों, परिनियमों में आनेवाली वैधिक स्थितियों का निरपेक्ष संकेत करना होता है। किसी व्यक्ति विशेष के प्रति सहानुभूति रहने पर भी नियमादि एवं वैधिक स्थितियों को आदृष्ट नहीं किया जा सकता है।

(१०) इन पत्रों का आरम्भ मैं, हम आदि से प्रायः नहीं किया जाता है, अपितु तृतीय या अन्य पुरुष का प्रयोग किया जाता है। यदि कहीं आवश्यक ही है तो मैं, हम या अन्य पुरुष का प्रयोग किया जाता है तो अन्त तक उसे उसी क्रम में रखना आवश्यक है।

कार्यालयीय पत्रों के प्रकार

१. राज्यादेश/शासनादेश/राजाज्ञा	(Government Order or G. O.)
२. शासकीय/सरकारी पत्र	(Office Letter)
३. अर्द्ध शासकीय/अर्द्ध सरकारी पत्र	(Demi-Official Letter or D. O.)
४. अशासकीय/गैर सरकारी पत्र	(Un-Official Letter or U.O. Letter/U O. Note)
५. परिपत्र	(Circular)
६. कार्यालय आदेश	(Office Order)
७. कार्यालय ज्ञापन	(Office Memorandum or Memo)
८. ज्ञापन/ज्ञाप	(Memorandum or Memo)
९. अधिसूचना/विज्ञप्ति	(Notification)
१०. उद्घोषणा	(Proclamation)
११. सूचना	(Notice)
१२. आदेश	(Order)
१३. अनुस्मरण/अनुस्मारक पत्र	(Reminder)
१४. पृष्ठांकन	(Endorsement)

१५. प्रस्ताव (Proposal)
१६. प्रेस विज्ञप्ति (Press Note)
१७. स्वीकृति/मंजूरी पत्र (Sanction Letter)
१८. निविदा सूचना (Tender Notice)
१९. तार (Telegram)
२०. तार पुष्टि/अनुसरण पत्र (Confirmation Copy)
२१. मितव्यय पत्र (Savingram)
२२. द्रुत पत्र (Express Letter)
२३. रेडियोग्राम (Radiogram)
२४. प्राप्ति स्वीकार/पावती पत्र (Acknowledgement Letter)
२५. विज्ञापन (Advertisement)

(१) राज्यादेश या शासनादेश (G. O.)

केन्द्रीय या प्रान्तीय शासन द्वारा निर्गत ऐसे शासकीय पत्रों को राज्यादेश या शासनादेश अथवा राजाज्ञा कहा जाता है जो सचिवालय द्वारा शासन के विभिन्न विभागीय कार्यालयों को शासन के किसी निर्णय से अवगत कराने के लिए लिखे जाते हैं। ऐसे पत्रों में प्रेषिती के नामोल्लेख, पदनाम एवं पते की कोई आवश्यकता नहीं होती है, लेकिन पत्र के अन्त में पृष्ठांकन में उन सभी विभागों, अधिकारियों, उपविभागों, कार्यालयों एवं कर्मचारियों का उल्लेख किया जाता है जो उक्त शासनादेश या राज्याज्ञा से प्रभावित होते हैं।

उत्तर प्रदेश शासन
वित्त (सामान्य) अनुभाग-४

संख्या सा० ४-२९१/दस-५०३-७३ दिनांक ३, मई, १९७५

प्रेषक—

श्री स्वतन्त्रवीर सिंह जुनेजा
आयुक्त एवं सचिव
उत्तर प्रदेश शासन, लखनऊ

विषय—भविष्य निर्वाह निधि लेखों का सही रखरखाव एवं निधि के अन्तिम भुगतान के लिए प्रार्थना-पत्रों को प्राप्त करने एवं अग्रसारित करने में तत्परता।

महोदय,

मुझे आपसे यह कहने का निदेश हुआ है कि राज्य कर्मचारियों का भविष्य निर्वाह निधि के लेखों (प्रोवीडेण्ट फण्ड एकाउण्ट्स) के सन्तोषजनक रखरखाव

एवं निधि के अन्तिम रूप से देय हो जाने पर उनके अविलम्ब भुगतान की कठिनाइयों पर विचार करने हेतु महालेखाकार एवं शासन के बीच एक बैठक हुई थी जिसमें समय-समय पर जारी किए गए शासन के आदेशों एवं निर्देशों के बावजूद भविष्य निर्वाह निधि के अन्तिम भुगतान के प्रार्थनापत्र महालेखाकार को भेजने में अस्वाभाविक विलम्ब हुआ है और किन्हीं मामलों में यह विलम्ब एक वर्ष से अधिक अवधि का है। उन्होंने शासन की जानकारी में ऐसे भी मामले लाए हैं जिनमें कर्मचारियों के प्रोवीडेण्ट फण्ड शैड्यूल्स में लेखा शाखा अथवा अभिदान की धनराशि या अग्रिम की वसूली की धनराशियों को जाने या अनजाने से गलत दिखाया गया है। शासन ने इस प्रकार की गड़बड़ियों को चिन्ता की दृष्टि से देखा है और यह आवश्यक समझा है कि उनकी पुनरावृत्ति न हो। इस उद्देश्य की पूर्ति हेतु मुझे शासन के निम्न निर्णयों से आपको सूचित किए जाने का निदेश हुआ है—

(क) भविष्य निर्वाह निधि के अन्तिम भुगतान के प्रार्थना-पत्रों को वित्त विभाग के राजाज्ञा संख्या जी-४-७१-दस-५१३-७२ दिनांक ११ जनवरी १९७३ में उल्लिखित प्रक्रिया के अनुसार अभिदाता की अधिवार्षिकी तिथि को एक वर्ष पूर्व अवश्य प्राप्त करना तथा प्राप्ति के दिनांक से डेढ़ महीने के अन्दर अग्रसारित करने सम्बन्धी सारी औपचारिकताएँ पूरी करके उन्हें महालेखाकार को रजिस्टर्ड पत्र द्वारा भेजने एवं उनकी प्राप्ति स्वीकार कराने के लिए भविष्य में कार्यालयाध्यक्ष स्वयं व्यक्तिगत रूप से उत्तरदायी होंगे।

(ख) महालेखाकार द्वारा प्रोवीडेण्ट फण्ड शैड्यूल्स में बताई गई सामान्य किस्म की त्रुटियाँ (जिन्हें बताने के लिए उन्हें अलग से लिखा जा रहा है) को महालेखाकार से आवश्यक सूचना प्राप्त होने से तुरन्त दूर कर दिया जाय तथा पेंशन पार्टियों की तरह भविष्य निर्वाह निधि के मामलों को सही करने के लिए महालेखाकार के कार्यालय में आनेवाली पार्टी को आपके द्वारा पूरा सहयोग प्रदान किया जाए।

(ग) आपके विभाग/कार्यालय से कुछ प्राधिकृत व्यक्ति वर्ष में एक बार एक निर्दिष्ट कार्यक्रमानुसार महालेखाकार उत्तर प्रदेश के कार्यालय जावें और प्रोवीडेण्ट फण्ड शैड्यूल्स के आधार पर भविष्य निधि लेखों में डेबिट एवं क्रेडिट का मिलान करें। यदि मिलान के दौरान विभागीय तथा महालेखाकार के आँकड़ों में कोई भिन्नताएँ पाई जाएँ तो उन्हें यथाशीघ्र दूर करने का भरसक प्रयास किया जाय।

२. आशा है कि भविष्य में अन्तिम भुगतान प्रार्थना-पत्रों को महालेखाकार के कार्यालय के विलम्ब से अग्रसारित करने अथवा प्रोवीडेण्ट फण्ड शैड्यूल्स में प्रविष्टि सम्बन्धी त्रुटियों की पुनरावृत्ति को रोकने का प्रयास किया जाएगा।

भवदीय

(हस्ताक्षर)............

आयुक्त एवं वित्त सचिव

संख्या सा० ४-२६१ (१) दस-५०३-७५

प्रतिलिपि सूचनार्थ एवं आवश्यक कार्यवाही हेतु—

१. समस्त विभागाध्यक्ष/प्रमुख कार्यालयाध्यक्ष/कार्यालयाध्यक्ष, उत्तर प्रदेश

२. सचिवालय के समस्त अनुभाग

३. महालेखाकार उत्तर प्रदेश, इलाहाबाद को इस अभ्युक्ति के साथ कि सभी कार्यालयाध्यक्ष अन्तिम भुगतान के प्रार्थना-पत्रों के अग्रसारित करने के लिए सक्षम हैं।

आज्ञा से
पी० घोष
अनुसचिव

(२) शासकीय या सरकारी पत्र (Office Letter)

शासकीय पत्रों का सर्वाधिक प्रयोग शासकीय कार्यप्रणाली के अन्तर्गत होता है क्योंकि पत्रों का आदान-प्रदान केन्द्र एवं प्रान्तीय सरकारों, दूतावासों, अन्तर्राष्ट्रीय संगठनों तथा स्वदेश स्थित विभिन्न मंत्रालयों के साथ होता रहता है। राज्य स्तर पर सरकार द्वारा दूसरी प्रान्तीय सरकार, स्थानीय स्वायत्त निकायों, सरकारी और गैरसरकारी संगठनों, कर्मचारी संघों के लिए पत्र-व्यवहार किया जाता है। ऐसे पत्र शासकीय कार्य व्यवस्था के अन्तःसूत्रों को जोड़ते हैं अतः इन्हें 'शासकीय या सरकारी पत्र' कहा जाता है। लेकिन अन्तःविभागीय पत्राचार या मंत्रालयों के मध्य आपसी पत्र-व्यवहार 'शासकीय या सरकारी पत्र' की कोटि में नहीं लिया जा सकता है।

शासकीय पत्र में पत्रलेखक (अधिकारी) यह लिखता है कि—'मुझे यह सूचित करने/आपसे यह अनुरोध करने का निदेश हुआ है'—तो इसका अर्थ यही होता है कि सरकार की ओर से प्राप्त आदेशों/निदेशों के अनुसार यह पत्र लिखा जा रहा है। लेकिन स्वायत्त संस्थाएँ पत्र का आरम्भ 'सादर निवेदन किया जाता है कि···' वाक्य से करती हैं, क्योंकि उनको सार्वजनिक जीवन से अधिक सम्पर्क रखना होता है।

उदाहरण—

उत्तर प्रदेश शासन
शिक्षा (१५) अनुभाग
संख्या २६२८/१५-(१५)/८४-४१(२७)८०

प्रेषक—

श्री देवी शंकर शुक्ल
संयुक्त सचिव

उत्तर प्रदेश शासन

सेवा में,

कुल सचिव
कुमाऊँ विश्वविद्यालय
नैनीताल

लखनऊ, दिनांक १७ अगस्त, १९८४

विषय—कुमाऊँ विश्वविद्यालय, नैनीताल के हिन्दी विभाग में कार्यरत डॉ...............का वेतन संरक्षण

महोदय,

उपर्युक्त विषयक कुलपति, कुमाऊँ विश्वविद्यालय, नैनीताल के पत्र-संख्या वीसी/केयू/मान्यता/३०९ दिनांक २३ मई, १९८४ की ओर आपका ध्यान आकर्षित करते हुए मुझे यह कहने का निदेश हुआ है कि राज्यपाल महोदय ने डॉ०............को कुमाऊँ विश्वविद्यालय, नैनीताल के हिन्दी विभाग में प्रवक्ता के पद पर रु० ७००-४०-११००-५०-१६०० के वेतनमान में कार्यभार ग्रहण करने की तिथि.........से रु० ९८०/- के प्रक्रम पर वेतन संरक्षित किए जाने की सहर्ष स्वीकृति प्रदान कर दी है। उपर्युक्त वेतनमान में डॉ०............की अगली वेतनवृद्धि की तिथि.........होगी।

२. यह आदेश वित्त विभाग की अशासकीय संख्या ई—११/२१४५-दस-८४ दिनांक ९ अगस्त, १९८४ में प्राप्त सहमति से निर्गत किए जा रहे हैं।

भवदीय

(ह)...........

संयुक्त सचिव

संख्या २९२८(१)/१५(१५)/८४-४१(२७/८०) तद् दिनांक......

प्रतिलिपि निम्नलिखित को सूचनार्थ एवं आवश्यक कार्यवाही हेतु—

(१) परीक्षक स्थानीय निधि लेखा, उत्तर प्रदेश, इलाहाबाद
(२) वित्त अधिकारी, कुमाऊँ विश्वविद्यालय, नैनीताल
(३) वित्त (ई-११) अनुभाग।

आज्ञा से

(ह०)...........

संयुक्त सचिव

(३) अर्द्धशासकीय या अर्द्धसरकारी पत्र (D. O.)

अर्द्धशासकीय या अर्द्धसरकारी या डी० ओ० (Demi Official Letter)

नाम से अर्द्ध सरकारी पत्र दिखाई देता है, पर होता पूर्ण सरकारी पत्र ही है, परन्तु इस पत्र में पत्रप्रेषक औपचारिकता का निर्वाह नहीं करता है। वह 'प्रेषिती' (पत्र प्राप्तकर्त्ता) के साथ व्यक्तिगत सम्पर्क रखने का उल्लेख शासकीय पत्र-व्यावहारिक-विधि में भी करता है क्योंकि कार्य के शीघ्र सम्पादन के निमित्त अपने सहयोगी या अधीनस्थ अथवा कभी उच्च पदस्थ अधिकारी द्वारा किसी ओर ध्यानाकर्षण कराने, स्पष्टीकरण देने या लेने अथवा सूचना-संकलन कराने अथवा किसी कार्य को तुरत्प्रभाव से कराने के लिए अर्द्ध शासकीय पत्र का माध्यम अपनाना पड़ता है।

अर्द्ध शासकीय पत्र लिखने की आवश्यकता इसलिए पड़ती है कि जिस अधिकारी या प्रेषिती को अर्द्ध शासकीय पत्र लिखा जा रहा है, उसके कार्यालय से भेजे गए पत्र का उत्तर प्राप्त नहीं हो सका है अथवा वांछित समय में सूचना प्राप्त नहीं हो सकी है तथा काम में शीघ्रता और तत्परता बरतने के लिए निर्देश देने और तुरत कार्यवाही किए जाने की अपेक्षा की जाती है।

उदाहरण—

अर्द्ध शासकीय पत्र (D. O.)

डॉ० माधुरी शाह
अध्यक्ष

अर्द्ध शासकीय पत्र संख्या.........
कार्यालय
विश्वविद्यालय अनुदान आयोग,
बहादुरशाहजफर मार्ग
नई दिल्ली-११०००१,
दिनांक............

प्रिय श्री त्रिपाठी,

कृपया इस कार्यालय के पत्र-संख्या........दिनांक.........और उसके साथ सम संख्यक अनुस्मरण पत्र दिनांक.........का अवलोकन करने का कष्ट करें।...........................।

कृपया आप अपने व्यक्तिगत स्तर पर इस कार्य की प्रगति पर विशेष ध्यान दें और वांछित सूचना शीघ्रातिशीघ्र भिजवाएँ।

आशा है, आप सानन्द हैं।

आपका सद्भावी
....
[डॉ० माधुरी शाह]

सेवा में
श्री गिरिराज चन्द्र त्रिपाठी

सचिव,
शिक्षा (क) विभाग
सचिवालय, उत्तर प्रदेश
लखनऊ।

(४) गैर-सरकारी या अशासकीय पत्र (Unofficial Letter or U. O. Note)

गैर-सरकारी या अशासकीय पत्र का दूसरा पर्याय अनौपचारिक पत्र या टिप्पणी (Un official Note/U. O. Note) है। ऐसे अशासकीय पत्र या टिप्पण विभिन्न मंत्रालयों के मध्य किसी प्रस्ताव पर उनके विचार या टिप्पणियाँ प्राप्त करने या किसी पूर्वादेश का स्पष्टीकरण करवाने या उनके यहाँ से कोई जरूरी कागज या सूचना मँगवाने के लिए प्रयोग किए जाते हैं।

अशासकीय पत्र या टिप्पण का प्रयोग प्राय: दो रूपों में किया जाता है—

(क) पत्रावली (File) पर ही यथावश्यक टिप्पणी लिखकर पत्रावली को ही दूसरे मंत्रालय या कार्यालय में भेज दिया जाता है।

(ख) अपने आप में पूर्वपत्र या टिप्पणी या ज्ञापन (Memo) बनाकर अलग से ही सम्बन्धित मंत्रालय को भेजा जाता है।

ऐसे पत्र में 'प्रेषक' और 'प्रेषिती' का उल्लेख नहीं होता है और न किसी प्रकार के 'सम्बोधन' और 'स्वनिर्देश' का ही।

'विषय' पत्र या टिप्पणी के मध्य में लिखकर 'शीर्षक' दिया जाता है।

अन्त में अधिकारी या पत्र-प्रेषक के हस्ताक्षर के नीचे कोष्ठक में नाम, बाद में नीचे पदनाम तथा दूरभाष (फोन) नम्बर भी सम्पर्क स्थापित करने हेतु दे दिया जाता है।

ऐसे पत्र डाक से नहीं भेजे जाते हैं, किसी अधीनस्थ व्यक्ति के माध्यम से सम्बन्धित विभाग में पहुँचा दिये जाते हैं।

उदाहरण—

अशासकीय/गैर-सरकारी पत्र (U. O. Note)
शिक्षा (१५) विभाग
विषय :.........

.........विषय में ऐसा कुछ नियमों से स्पष्ट नहीं है कि वेतन-निर्धारण करते समय प्रान्तीय महाविद्यालयों से विश्वविद्यालय में सेवारत कर्मचारियों का वेतन संरक्षित किया जा सकता है या प्रान्त के बाहर से आए हुए कर्मचारी को भी वेतन संरक्षित किया जा सकता है।

इस सम्बन्ध में विधि मंत्रालय से परामर्श करना उचित जान पड़ता है। यदि विधि मंत्रालय इस सम्बन्ध में स्पष्ट निर्देश या स्पष्टीकरण दे सके तो शिक्षा विभाग आभारी होगा।

(ह०)............

[कृष्ण कुमार वर्मा]

अवर सचिव

दूरभाष............

विधि (ग) मंत्रालय

(५) परिपत्र (Circular)

परिपत्र शासन द्वारा उस समय तैयार कराया जाता है, जब कोई एक ही सूचना या आदेश या निर्देश या अनुदेश कई मंत्रालयों, विभागीय कार्यालयों एवं अधीनस्थ या सम्बद्ध विभागों को भेजना होता है। ऐसी स्थिति में उसे शासकीय पत्र (Official Letter) के स्थान पर 'परिपत्र' (Circular) का रूप दिया जाता है।

शासकीय पत्र और परिपत्र में मौलिक अन्तर यह होता है कि शासकीय पत्र की मूल प्रति में उन सम्बद्ध अधिकारियों, विभागों, या कार्यालयों का नाम पृष्ठांकन में नहीं रहता है जबकि परिपत्र के मूल में ही उन सभी अधिकारियों और विभागों का उल्लेख कर दिया जाता है जिनसे उसका सम्बन्ध होता है। 'प्रेषक' का भी उल्लेख परिपत्र में नहीं होता है। प्रारूपकार को परिपत्र तैयार करते समय निम्नलिखित ध्यान रखा जाता है—

फोन नं० ७४३२८

उ० प्र० भारत स्काउंट्स एवं गाइड्स

प्रादेशिक प्रधान केन्द्र

गोलमार्केट, महानगर, लखनऊ-२२६००६

परिपत्र संख्या : ३५/८३-८४ — २१ फरवरी ८४

परिपत्र संख्या : १९/८४-८५ — ३.० अगस्त ८४

प्रेषक,

डॉ० (कु०) कंचनलता सब्बरवाल
स्टेट चीफ कमिश्नर,
उ० प्र० भारत स्काउंट्स एवं गाइड्स

सेवा में,

समस्त कुलपति,
विश्वविद्यालय, उत्तर प्रदेश।
समस्त प्राचार्य, प्रशिक्षण विद्यालय।

विषय—बी० एड० विभाग में स्काउंटिंग/गाइडिंग का प्रशिक्षण शिविर।

महोदय,

मुझे यह जानकर अत्यन्त प्रसन्नता है कि आपके विश्वविद्यालय ने स्काउंटिंग/गाइडिंग के महत्त्व को स्वीकार कर अपने अन्तर्गत बी० एड० पाठ्यक्रम में इसको उचित स्थान दिया है और ५ दिवसीय कैम्प भी इसके प्रयोगात्मक कार्य को पूरा करने हेतु रक्खा है। मैं इसके लिए आपको संस्था की ओर से भी तथा अपनी ओर से विशेष बधाई देती हूँ और आशा करती हूँ कि आप इस कार्यक्रम को सही रूप से चलाने के लिए अपने अन्तर्गत सभी प्रशिक्षण विद्यालयों को आदेश देने की कृपा करेंगे।

२. इस सम्बन्ध में आपका ध्यान इस ओर भी आकृष्ट करना चाहूँगी कि छात्राध्यापकों के इन शिविरों का संचालन और निर्धारित पाठ्यक्रम पूरा कराने का कार्य उन्हें प्रमाणपत्र देने का अधिकार संस्था द्वारा निर्धारित योग्यता प्राप्त ट्रेनर को ही है। इसके अतिरिक्त न तो कोई प्रमाणपत्र दे सकता है और न ही शिविर कर सकता है। उसके अतिरिक्त यदि कोई व्यक्ति इन शिविरों का संचालन करने पहुँचते हैं या प्रमाणपत्र देते हैं या कोई शुल्क वहाँ से एकत्र करते हैं तो वह अवैध समझें। मैं आपकी जानकारी हेतु अधिकृत और योग्यताप्राप्त व्यक्तियों की सूची नीचे दे रही हूँ—

स्काउंट विभाग—

१. डॉ० हरिश्चन्द्र जैन—क्षमा निवास, नेहरू रोड, बड़ौत, मेरठ (लीडर ट्रेनर)
२. श्री पी० एल० चूड़ामणि—पीपल वाली कोठी, कृष्णापुरी, मथुरा (लीडर ट्रेनर)
३. श्री कैलाश चन्द्र जैन—स्टेट ओरगेनाइजिंग कमिश्नर एवं स्टेट ट्रेनिंग कमिश्नर (स्काउंट)
४. श्री गंगाविष्णु पाठक—फरुखाबाद (लीडर ट्रेनर)
५. श्री प्रेमबिहारी भानु—२२२, बढ़ागाँवगेट, झाँसी (सहायक लीडर ट्रेनर)
६. श्री नरेश चन्द्र भारद्वाज—सहायक प्रादेशिक संगठन कमिश्नर (स्काउंट)
७. श्री रामाधार यादव—सहायक प्रादेशिक संगठन कमिश्नर (स्काउंट)
८. श्री कृष्ण मुरारी लाल सारस्वत—मथुरा (सहायक लीडर ट्रेनर)
९. श्री शिवनाथ शर्मा—मथुरा (सहायक लीडर ट्रेनर)
१०. श्री एन० पी० सिंह—"सालिक"—लखनऊ (सहायक लीडर ट्रेनर)
११. श्री पी० डी० सेमुवाल—सहायक लीडर ट्रेनर, राजकीय इण्टर कालेज, चमोली।
१२. श्री लक्ष्मीचन्द्र कपिल—राजकीय इण्टर कालेज, रुड़की, सहारनपुर

(सहायक लीडर ट्रेनर)

१३. श्री ब्रजभूषण गुप्ता—मु० नगर (सहायक लीडर ट्रेनर)

१४. श्री मदनलाल त्रिगुणायक (सहायक लीडर ट्रेनर)

१५. श्री गिरीराज किशोर सक्सेना—(सहायक लीडर ट्रेनर)

गाइड विभाग—

१. कु० उषा गुप्ता—स्टेट ट्रेनिंग कमिश्नर एवं प्रादेशिक संगठन कमिश्नर (गाइड)

२. कु० ओम जिन्दल—सहायक प्रादेशिक संगठन कमिश्नर (गाइड)

३. कु० वीणा विष्ट—सहायक प्रादेशिक संगठन कमिश्नर (गाइड)

शिविर संचालन करने के लिए ट्रेनर की माँग कम से कम एक माह पूर्व प्रादेशिक संगठन कमिश्नर—श्री कैलाशचन्द्र जैन, व कु० उषा गुप्ता को प्रधान केन्द्र स्काउंट भवन, गोलमार्केट, महानगर, लखनऊ को भेजने का कष्ट करें ताकि शिविर निर्धारित समय पर प्रारम्भ हो सके।

मैं आपकी अत्यन्त आभारी हूँगी। यदि यह सूचना आप सभी विभाग के सम्बन्ध में प्रशिक्षण विद्यालयों के प्राचार्यों को व अध्यापकों को दें। इस सम्बन्ध में किसी भी प्रकार की मेरे सहयोग की आवश्यकता होगी तो मैं सदैव तत्पर हूँ।

धन्यवाद

भवदीया

(ह०)...............

(डॉ० (कु०) कंचनलता सब्बरवाल)

स्टेट चीफ कमिश्नर

(६) कार्यालय आदेश (Office Order)

इसका प्रयोग किसी मंत्रालय, सम्बद्ध विभागों, अनुभागों, प्रभागों एवं कार्यालय के आन्तरिक प्रशासन सम्बन्धी अनुदेश जारी करने के लिए किया जाता है। अवकाश की स्वीकृति या अस्वीकृति, नियुक्ति, पदोन्नति की सूचना, स्थायीकरण अथवा स्थानान्तरण की सूचना, अधिकारियों तथा अनुभागों के बीच काम का वितरण, कार्य सम्पादन हेतु उच्चाधिकारी द्वारा की गई वैकल्पिक व्यवस्था आदि के लिए कार्यालय आदेश प्रसारित किए जाते हैं।

कुमायूँ विश्वविद्यालय नैनीताल

पत्रांक : सामान्य/पी० ई० आर०/१५८/१००२/ दिनांक ८-८-८४

कार्यालय आदेश

निम्नांकित को दैनिक देहाड़ी पर उनके सम्मुख अंकित तिथियाँ अथवा कार्य

पर उपस्थित होने की तिथि से ३१ अगस्त, १९८४ तक के लिए नितान्त अस्थायी रूप से रखा जाता है।

यह व्यवस्था नितान्त अस्थायी है तथा बिना पूर्व सूचना के किसी भी समय समाप्त की जा सकती है। नियुक्तियों की समाप्ति की दशा में किसी व्यक्ति का किसी भी पद पर कोई दावा मान्य नहीं होगा। कार्यभार ग्रहण करने के लिए किसी प्रकार का मार्ग व्यय देय नहीं होगा।

क्र० सं०	नाम	कार्य अनुभाग	मजदूरी	अवधि
१	२	३	४	५

(१) विश्वविद्यालय कार्यालय—

१. श्री नन्दन सिंह	मान्यता	१२/-	२-८-८४ से ३१-८-८४
२. श्री एम० सी० शर्मा	लेखा	१२/-	,, ,,
३. श्री मदनमोहन पाण्डे	परीक्षा	१२/-	,, ,,
४. कु० सुशीला रावत	सामान्य	१२/-	,, ,,
५. श्री नरेश चन्द्र पाण्डे	सामान्य	१२/-	,, ,,

नोट—श्री नन्दन सिंह वर्तमान में सघटक महाविद्यालय, नैनीताल में आशुलिपिक पद के सापेक्ष वेतनमान ३५४-५५० में कार्यरत है, यदि आशुलिपिक पद पर नियमित नियुक्ति हो जाती है तो उस दशा में वे दैनिक देहाड़ी पर कार्य करेंगे।

(२) संघटक महाविद्यालय, नैनीताल—

१. तृतीय श्रेणी	—१०	१२/-	२-८-८४ से ३१-८-८४
२. चतुर्थ श्रेणी	—८	१०/-	,, ,,

(३) संघटक महाविद्यालय अल्मोड़ा

१. तृतीय श्रेणी	—१७	१२/-	२-८-८४ से ३१-८-८४
२. चतुर्थ श्रेणी	—१२	१०/-	,, ,,

नोट—उक्त में शैलजा छात्रावास हेतु स्वीकृत चतुर्थ श्रेणी भी सम्मिलित हैं। तृतीय श्रेणी के १६ कर्मचारियों के अन्तर्गत भौतिक विज्ञान विभाग में दैनिक वेतन पर स्वीकृत प्रयोगशाला सहायक का पद भी सम्मिलित है।

उक्त तालिका में दर्शायी गई नियुक्तियाँ कुलपति जी की स्वीकृति के आधार पर दी जा रही हैं। दैनिक दर पर रखे गए समस्त व्यक्तियों को अवगत कराया जाता है कि उन्हें सेवा में बनाए रखने की विश्वविद्यालय की किसी प्रकार की जिम्मेदारी नहीं होगी तथा दैनिक दर पर कार्यरत व्यक्तियों को किसी भी समय बिना पूर्व सूचना के कार्य से पृथक किया जा सकता है।

दैनिक मजदूरी का भुगतान केवल विश्वविद्यालय/महाविद्यालय के वास्तविक

कार्य दिवसों पर कार्य होने पर ही किया जाएगा तथा किन्हीं परिस्थितियों में विश्वविद्यालय/महाविद्यालय बन्द रहता है या कार्य नहीं हो पाता है उन तिथियों का कोई भुगतान नहीं होगा।

(बद्रीनारायण सिंह)
कुलसचिव।

पत्रांक : सामान्य/पी० ई० आर०/१५८/१००२ तद्दिनांक

प्रतिलिपि निम्नांकित को सूचनार्थ एवं आवश्यक कार्यवाही हेतु—

१. सम्बन्धित दैनिक दरों पर नियुक्त कर्मचारियों को।
२. सम्बन्धित अनुभाग अधिकारियों को।
३. वित्त अधिकारी, कुमायूँ विश्वविद्यालय, नैनीताल।
४. परिसर निदेशक, संघटक महाविद्यालय, नैनीताल/अलमोड़ा को इस आशय से कि दैनिक दर पर नियुक्त व्यक्तियों को कोई पदनाम न दिया जाय।
५. सहायक लेखाधिकारी, संघटक महाविद्यालय, नैनीताल/अलमोड़ा।
६. निजी सचिव कुलपति को कुलपति जी के सूचनार्थ।
७. अभिलेख पत्रावली।

(ह०)………
कुलसचिव।

(७) कार्यालय ज्ञापन (Office Memorandum/Memo)

कार्यालय ज्ञापन (Office Memorandum) के रूप में कोई विशेष अन्तर नहीं है। कार्यालय ज्ञापन का प्रयोग सरकार में एक मंत्रालय से दूसरे मंत्रालय, एक सचिवालय या मंत्रालय के अधीनस्थ एक प्रभाग से दूसरे प्रभाग आदि के बीच सूचनाओं के आदान-प्रदान के लिए किया जाता है तथा इसका प्रयोग कर्मचारियों द्वारा प्राप्त प्रार्थना-पत्रों, याचिकाओं आदि का उत्तर तथा पत्रों की प्राप्ति-सूचना देने के लिए भी होता है। कार्यालय या निदेशालय या मंत्रालय के आन्तरिक आदेश एवं निर्देश भी कभी-कभी कार्यालय ज्ञापन के रूप में प्रसारित किए जाते हैं।

उत्तर प्रदेश सरकार

राज्य सम्पत्ति अनुभाग-१

संख्या-ई-४३३/३२-एन-टी-५२६/७६ लखनऊ, १२ मई, १६८०

कार्यालय ज्ञापन

राज्य सम्पत्ति विभाग के अधीन नैनीताल में स्थित भवनों के किराये का निर्धारण कार्यालय ज्ञाप संख्या ई-५७०/३२-एन-टी-३२-७५/२८७/७१, दिनांक

१ मई, १९७५, संख्या ई-४६३४/३२-७५/२८७/७१, दिनांक २३-८-७५, संख्या ई-७४६२/३२-७६/२८७/७१, दिनांक २१-७-७६ तथा संख्या ई-३१६/एन-टी-३२-७९ (५०२/७९), दिनांक २ मई, १९७९ एवं संख्या ई-३४९७-३२-एन-टी-५२९/७९, दिनांक १७-४-८० में किया गया था। उक्त सभी शासनादेशों का अतिक्रमण करते हुए राज्य सम्पत्ति विभाग के अधीन नैनीताल में स्थित भवनों का किराया संलग्न परिशिष्ट "ख" के अनुसार निर्धारित करने की राज्यपाल महोदय सहर्ष स्वीकृति प्रदान करते हैं। यह आदेश दिनांक १७ अप्रैल, १९८० से लागू माने जाएँगे।

२. यह आदेश वित्त विभाग की सहमति से, जो उनके अशासकीय संख्या ई-८/१७५७/दस-दिनांक १२-५-८० में प्राप्त हुई है, जारी किए जा रहे हैं।

[प्रभुनाथ मिश्र]

उपसचिव एवं राज्य सम्पत्ति अधिकारी।

संख्या ई-४३३(१)/३२-एन-टी-५२९-९७ तद्दिनांक………

प्रतिलिपि निम्नांकित को सूचनार्थ एवं आवश्यक कार्यवाही हेतु प्रेषित—

१—महालेखाकार, उत्तर प्रदेश, इलाहाबाद।

२—राज्य सम्पत्ति अधिकारी, उ० प्र० शासन, लखनऊ।

३—मुख्य अभियन्ता, सार्वजनिक निर्माण विभाग, उ० प्र० लखनऊ।

४—अधीक्षण अभियन्ता, सार्वजनिक निर्माण विभाग, नैनीताल।

५—अधिशासी अभियन्ता, प्रान्तीय खण्ड, सार्वजनिक निर्माण विभाग, नैनीताल।

६—सहायक अभियन्ता, आवास, प्रान्तीय खण्ड, सार्वजनिक निर्माण विभाग, नैनीताल।

७—मैनेजर, नैनीताल क्लब, नैनीताल।

८—वित्त (ई-८) अनुभाग:

आज्ञा से

(ह०)…………

[प्रभु नाथ मिश्र]

उप सचिवएवं राज्य सम्पत्ति अधिकारी।

उत्तर प्रदेश शासन वित्त (वेतन आयोग)

अनुभाग-१

कार्यालय ज्ञाप

लखनऊ, ४ अक्तूबर, १९८३ ई०

सं० वे० आ०-२२९९/दस-८३—२१(एम)-८३

विषय—अखिल भारतीय सेवा के अधिकारियों को दिनांक १ मार्च, १९८२, १ मई, १९८३, तथा १ जुलाई, १९८३ से स्वीकृत किए जाने वाले महँगाई भत्ते की किस्तों का भुगतान।

अधोहस्ताक्षरी को यह कहने का निदेश हुआ है कि भारत सरकार के वित्त मंत्रालय (व्यय विभाग) के कार्यालय ज्ञाप संख्या १३०१७/१/८३-संस्था-११(ख), दिनांक २२ सितम्बर, १९८३ द्वारा केन्द्रीय सरकारी कर्मचारियों को अनुमन्य अतिरिक्त महँगाई भत्ते की दरों को दिनांक १ मार्च, १९८३, १ मई, १९८३ तथा १ जुलाई, १९८३ से संशोधित किया गया है।

२. अखिल भारतीय सेवा के अधिकारियों को उक्त तिथियों के अतिरिक्त महँगाई भत्ते की किस्तों के भुगतान हेतु आदेश भारत सरकार द्वारा अलग से प्रसारित किए जाएँगे। अधोहस्ताक्षरी को यह कहने का आदेश हुआ है कि अखिल भारतीय सेवा के अधिकारियों को, जो प्रदेश शासन के प्रशासकीय नियन्त्रणाधीन पदों पर कार्यरत हैं या सार्वजनिक उद्यमों में प्रबन्ध निदेशक/अध्यक्ष अथवा अन्य पदों पर अथवा प्रदेश शासन के अन्तर्गत अन्यत्र प्रतिनियुक्ति पर कार्यरत हैं, उक्त अतिरिक्त महँगाई भत्ते की किस्तों के फलस्वरूप दिनांक १ मार्च, १९८३ से ३० सितम्बर, १९८३ तक की अवधि में देय धनराशि उनके भविष्य निधि खाते में जमा की जाएगी तथा दिनांक १ अक्तूबर, १९८३ से (जिसका भुगतान नवम्बर, १९८३ में होगा) देय धनराशि का नकद भुगतान किया जाएगा। कृपया तदनुसार आवश्यक कार्यवाही सुनिश्चित करने का कष्ट करें और सम्बन्धित अधिकारियों को भी इस निर्णय से अवगत करा दें।

(ह०)........

सचिव, — जगमोहन लाल बजाज,

नियुक्ति विभाग। — सचिव।

(८) ज्ञापन (Memorandum/Memo)

ज्ञापन भी एक प्रकार से कार्यालय से ही सम्बन्धित प्रारूपण का अंग है। इस का प्रयोग मुख्यतः प्रार्थनापत्रों, नियुक्ति के लिए दिए गए आवेदन-पत्रों के उत्तर में, पत्रों की प्राप्ति और अधीनस्थ अधिकारियों को सूचना देने के सम्बन्ध में किया जाता है, जो शासकीय आदेश या राजाज्ञा में नहीं दी जाती है।

ज्ञापन का प्रारूप सदैव अन्य पुरुष में तैयार किया जाता है।

इसमें 'प्रेषक' का नामोल्लेख नहीं किया जाता, विभाग का नाम मध्य में लिखने के बाद पत्रांक और दिनांक यथावत् रूप से रहते हैं। 'प्रेषिती' का भी उल्लेख नहीं होता है।

उदाहरण—

..........शासन

..........विभाग

पत्रांक दिनांक

ज्ञापन

ऐसे समस्त कर्मचारियों को जिनको अस्थायी पद पर या हडहाक पद पर कार्य करते हुए पाँच वर्ष से अधिक हो गया है, के विषय में सरकार ने निर्णय किया है कि यदि वे पद सम्बन्धी अन्य वांछित अर्हताएँ पूरी करते हैं और उनका पिछला कार्य सन्तोषजनक रहा है तो उन्हें दिनांक.........से उनके पद पर नियमित नियुक्ति दी जा सकती है। परन्तु उनका नाम स्थानीय रोजगार कार्यालय में पंजीयत होना आवश्यक है।

इस सम्बन्ध में उनको अपनी पिछली सेवाओं के आधार पर कोई भी वेतन-वृद्धि आदि का लाभ जो स्थायी सेवा में मिलते हैं, नहीं मिलेंगे।

(ह०)...........

संयुक्त सचिव

सामान्य प्रशासन

(६) अधिसूचना या विज्ञप्ति (Notification)

अधिसूचना को 'घोषणा' भी कहा जाता है। सरकार की ओर से जन-साधारण या शासकीय कार्यालयों, अधीनस्थ कर्मचारियों एवं अधिकारियों की सूचनार्थ विभागीय विशिष्ट नियुक्तियों, स्थानान्तरणों, वेतनवृद्धि, अवकाश, पदत्याग, सेवा-निवृत्ति, सार्वजनिक उपभोग के निमित्त कृषि भूमि के अधिग्रहण से सम्बन्धित जो सूचनाएँ शासकीय गजट (Gazette) और कभी-कभी समाचार-पत्रों में प्रकाशित की जाती हैं, उन्हें 'अधिसूचना' (Notification) विज्ञप्ति या घोषणा कहा जाता है।

उदाहरण—१

उत्तर प्रदेश सरकार

सार्वजनिक निर्माण अनुभाग-२

संख्या—७५7३/२३-सा०नि० दो-१३(१४)८३

लखनऊ, दिनांक ४-४-१९८४

विज्ञप्ति

यू० पी० रोड साइड एक्ट १९४५ (एक्ट संख्या १०, १९४५) की धारा ३ की उपधारा (२) के अधीन उत्तर प्रदेश के राज्यपाल सर्वसाधारण की सूचना के

लिए विज्ञप्ति करते हैं कि राज्य सरकार का यह प्रस्ताव है कि यहाँ संलग्न अनुसूची में वर्णित भूमि को उक्त एक्ट के प्रयोजनों के लिए नियन्त्रित क्षेत्र घोषित किया जाए।

२. कोई व्यक्ति, जिसका भूमि में हित हो, लखीमपुर खीरी के कलेक्टर द्वारा इस विज्ञप्ति के प्रकाशित किए जाने के अन्तिम दिनांक से तीस दिन व्यतीत होने के पूर्व किसी भी समय, उक्त घोषणा किए जाने अथवा उसकी भूमि या भूमि के किसी भाग को, यहाँ संलग्न अनुसूची में निर्दिष्ट सीमाओं के भीतर सम्मिलित किए जाने के सम्बन्ध में उक्त एक्ट की धारा ३ की उपधारा (३) के अधीन आपत्ति कर सकता है।

अनुसूची

भूमि जो नीचे वर्णित सड़क के दोनों ओर उन सीमा रेखाओं के भीतर पड़ती है जो सड़क की मध्य रेखा से ६७.०५६ मीटर की दूरी पर उसके समानान्तर खींची गई हो।

क्र० सं०	सड़क का विवरण	प्रारम्भिक और अन्तिम बिन्दुओं सहित उस सड़क की लगभग लम्बाई जिसके दोनों ओर प्रस्तावित नियन्त्रित क्षेत्र पड़ता है।		गाँव कस्बा परगना जिला या नगर जिससे वह क्षेत्र पड़ता है जिसे नियन्त्रित क्षेत्र घोषित करने का प्रस्ताव है।	
१	२	३	४	५	६
१.	मोतीपुर-तिकोनिया कोडियाला, घाट मार्ग (अन्य जिला मार्ग)	स्तम्भ २ में उल्लिखित मार्ग के शून्य कि० मी० से आरम्भ होकर इसी मार्ग के १०.४० कि० मी० पर समाप्त होता है।	१०.४० कि० मी०	१. हरद्वाही २. उमरा ३. निबोरिया ४. सोथना बरसोला ५. बरसोला कला	खेरीगढ़ लखीमपुर पुर खीरी

टिप्पणी—उक्त भूमि का नक्शा लखीमपुर खीरी के कलेक्टर के कार्यालय में देखा जा सकता है।

ओ० पी० शर्मा
संयुक्त सचिव

उदाहरण--२

उत्तर प्रदेश शासन

ग्राम्य विकास विभाग

अनुभाग-१

सं० २३६२/३८-१—८०-११बी-७६ दिनांक १६ अप्रैल १६८० ई०

अधिसूचना

उत्तर प्रदेश साधारण खण्ड अधिनियम, १६०४ (उत्तर प्रदेश अधिनियम संख्या १, १६०४) की धारा २१ के साथ पठित उत्तर प्रदेश क्षेत्र समिति तथा जिला परिषद् अधिनियम, १६६१ (उत्तर प्रदेश अधिनियम संख्या ३३, १६६१) की धारा ३ के अधीन शक्ति का प्रयोग करके और सरकारी अधिसूचना संख्या ५४४५/३८-३—४७८—७०, दिनांक १८ सितम्बर, १६७२ का आंशिक उपान्तर करके राज्यपाल इस अधिसूचना के गजट में प्रकाशन के दिनांक से जिला नैनीताल के ओखल कांडा, रामगढ़, ज्योलीकोट, हल्द्वानी, रामनगर तथा गरमपानी खण्ड के क्षेत्रों में परिवर्तन करते हैं और उक्त जिले में दो नए खण्ड अर्थात् 'धारी' तथा 'कोटा बाग' सृजित करते हैं। नीचे दी गई अनुसूची के स्तम्भ २ में नामित खण्डों के भाग और क्षेत्र वही होंगे, जो इस अनुसूची के स्तम्भ ३ में प्रत्येक के सामने नामित न्याय पंचायत सर्किलों में समाविष्ट क्षेत्रों में है :

अनुसूची

जिले का नाम	खण्ड का नाम	न्याय पंचायत सर्किल जो खण्ड में सम्मिलित होगी।
१	२	३
नैनीताल	धारी	मज्यूली, सरना, चौखुटा, पिनरो, काला
	ओखलकांडा	आगर, ओखल कांडा, सुनकोट, तुसराड, नाई, डालकन्या
	रामगढ़	प्यूडा, पाथरी, सुयाल बाडी, सिरमौली, नथुवाखान, रामगढ़
	ज्योलीकोट	खुर्पाताल, ज्योलोकीट, थपलिया, महरागाँव, ओखलढूंगा, रानी बाग, सागुड़ी गाँव
	कोटाबाग	कोटाबाग, कालाढूंगी, डोला, स्यात, अमगड़ी
	हल्द्वानी	कुंवरपुर, लाखनमंडी, देवलचौड़, बमोरी, मुनीपुर, जीवानन्द, हरिपुर बच्ची

गरमपानी	रातीघाट, गरमपानी, घघरेटी, सिमलखा, दारिम, बेतालघाट
रामनगर	सावंल्दे, चिलकिया, छोई, जोगीपुर, वेलपड़ाव

आज्ञा से,
शशि कान्त भटनागर,
सचिव ।

(१०) उद्घोषणा (Proclamation)

किसी राष्ट्रीय महत्त्व या प्रान्तीय स्तर पर सार्वजनिक महत्त्व या हित के विषय में शासन अपना निश्चय अथवा निर्णय प्रसारित करना चाहती है तो वह 'उद्घोषणा' तैयार करके समाचार-पत्रों में देती है या प्रकाशित कराती है। केन्द्र शासन और प्रान्तीय शायन अलग-अलग स्थितियों में ऐसी उद्घोषणाएँ करने के लिए सक्षम होती हैं।

उद्घोषणा की भाषा विधि-सम्मत और नपी-तुली होती है तथा वह शासकीय गजट में केन्द्र या प्रान्तीय सरकार द्वारा 'असाधारण गजट' के रूप में प्रकाशित की जाती है तथा प्रारूपकार को यह निर्देश करना आवश्यक होता है कि यह गजट के किस भाग में प्रकाशित की जाएगी। सामान्यतः यह उद्घोषणाएँ राष्ट्रपति या राज्यपाल की ओर से निर्गत की जाती हैं तथा इन पर शासन सचिव के हस्ताक्षर होते हैं।

ये उद्घोषणाएँ राष्ट्रपति अथवा राज्यपाल, जैसी भी स्थिति होती है, के हस्ताक्षरों से ही प्रसारित होती हैं।

भारत सरकार ने सन् १९६२ के चीनी आक्रमण १९६५ एवं १९७१ के पाक आक्रमण के समय राष्ट्रीय संकट (National Emergency), २५ जून, १९७५ में आपात्काल स्थिति की उद्घोषणाएँ की हैं। इस प्रकार जब किसी अन्तर्राष्ट्रीय या राष्ट्रीय व्यक्ति के देहावसान के समय तीन या सात दिन के राष्ट्रीय शोक मनाए जाने आदि की उद्घोषणा भी की गई हैं।

अधिसूचना (Notification) और उद्घोषणा (Proclamation) में अन्तर

अधिसूचनाएँ प्रायः सरकारी विभाग के मुख्य सचिव, सह सचिव, उपसचिव, संयुक्त सचिव आदि द्वारा निर्गत की जाती हैं और इनका प्रकाशन राजकीय राज-पत्र में किया जाता है तथा उनका उपयोग सामान्य सरकारी कार्यों में किया जाता है। अधिसूचना जारी करते समय सम्बन्धित विभाग के सचिव द्वारा हस्ताक्षर

किए जाते हैं।

उद्घोषणाएँ राज्य के सर्वोच्च अधिकारी राष्ट्रपति या राज्यपाल द्वारा ही निर्गत की जाती हैं। इनका प्रकाशन राजकीय राजपत्र में किया जाता है तथा इनका उपयोग केवल विशेष अवसरों पर ही किया जाता है। अतः ये अनियमित और आवश्यकता होने पर ही प्रसारित एवं प्रकाशित की जाती हैं। इन पर राष्ट्रपति या राज्यपाल के पूर्व हस्ताक्षर होते हैं फिर भले ही मुख्य सचिव या विशेष सचिव द्वारा राजकीय राजपत्र में प्रकाशनार्थ भेजी जा सकती हैं।

उदाहरण—१

भारत का संविधान

भूमिका (Preamble)

हम भारत के लोग भारत को एक सम्पूर्ण प्रभुत्व सम्पन्न लोकतंत्रात्मक गण-राज्य बनाने के लिए तथा उसके समस्त नागरिकों को सामाजिक, आर्थिक व राज-नीतिक न्याय, विचार अभिव्यक्ति, विश्वास, धर्म और उपासना की स्वतन्त्रता, प्रतिष्ठा और अवसर की समता प्राप्त कराने के लिए एवं उन सब में व्यक्ति की गरिमा और राष्ट्र की एकता सुनिश्चित करने वाली बन्धुता बढ़ाने के लिए दृढ़-संकल्प होकर अपनी इस संविधान सभा में आज २६ जनवरी, १९५० को इस संविधान को अंगीकृत, अधिनियमित और आत्मार्पित करते हैं।

(डॉ०) राजेन्द्र प्रसाद
राष्ट्रपति

(विशेष—उक्त उद्घोषणा भारत के संविधान में अंकित है।)

उदाहरण—२

राजस्थान सरकार

सामान्य (क) प्रशासन

क्रमांक : साप्र (१५/चांद-२७/८३/१४४२ दिनांक १५ दिसम्बर, १९८३

उद्घोषणा

सर्वसाधारण की सूचनार्थ यह घोषित किया जाता है कि निम्नलिखित क्षेत्र में अगले माह १५ जनवरी १९८४ से सेनाभ्यास के लिए स्थान आरक्षित किया जा रहा है।

अतः १० जनवरी से लेकर २४ जनवरी १९८४ तक इस क्षेत्र में किसी भी असैनिक व्यक्ति के आवागमन, पशुचारण आदि वर्जित किए जाते हैं। यदि कोई व्यक्ति इस उद्घोषणा के विरुद्ध आचरण करता पाया जाएगा तो उसे शासनादेश समसंख्यक पत्र दिनांक·········में जारी आदेशों के अन्तर्गत दण्डनीय अपराधी

मानकर कार्यवाही की जाएगी।

जिला	तहसील	चाँदमारी क्षेत्र स्थान	वर्जित क्षेत्र
जयपुर	चौमू	चंदनवाजी	रकबा १६/१२६ से १८/१२६ उत्तर में पहाड़ी, पूर्व में सेना निर्मित दीवाल और दक्षिण में चंदनवाजी का टीला, पश्चिम में खुले खेत (१) श्री········ ···(२) श्री··········· (३) श्री··············

राज्यपाल के आदेश से

(ह०)··············

शासन सचिव।

(११) सूचना (Notice)

सूचना शासकीय पत्रों का ही एक अंग है। सूचनाएँ व्यक्तिगत रूप में भी दी जाती हैं, पर प्रायः समाचार-पत्रों में भी उन्हें सर्वसाधारण के लिए प्रकाशित कराया जाता है। कभी-कभी पोस्टर्स के रूप में दीवारों एवं सूचनापट्टों तथा सार्वजनिक स्थानों या ऐसे स्थानों पर जहाँ जनता की दृष्टि सरलता से पड़ सके, ये सूचनाएँ चिपका दी जाती हैं।

सूचनाओं के अनेक भेद हैं यथा—

(अ) सरकारी पदों के रिक्त होने की सूचनाएँ,
(आ) नीति सम्बन्धी सूचनाएँ,
(इ) नीलाम सम्बन्धी सूचनाएँ,
(ई) न्यायालय सम्बन्धी सूचनाएँ,
(उ) सार्वजनिक उपक्रमों की बैठकों की सूचनाएँ,
(ऊ) स्वायत्त संस्थाओं के निर्णयों सम्बन्धी सूचनाएँ,
(ए) आयोग के कार्य-सम्बन्धी सूचनाएँ,
(ऐ) व्यावसायिक संस्थानों के अंशधारियों की सभा सम्बन्धी सूचनाएँ,

(ओ) अनुशासनात्मक कार्यवाही किए जाने सम्बन्धी सूचनाएँ।

उदाहरण—१

महानगर बरेली के टेलीफोन उपभोक्ताओं के लिए

सूचना

टी० आर० ए० फोन्स बरेली द्वारा निम्नलिखित टेलीफोन के किराये, लोकल काल तथा ट्रंक काल के बिल दि० १-४-८४ को जारी किए गए हैं जिनके भुगतान की अन्तिम तिथि १६-४-८४ थी।

टेलीफोन नं० ७२००० से ७२३९९, ७२८०० से ७३१९९
७३६०० से ७३९९९, ७४४०० से ७४८९९
७५३०० से ७५७९९ तथा ७६५०० से ७६८९९

जिन उपभोक्ताओं ने यह बिल या कोई पिछला बिल यदि अभी तक भुगतान न किए हों तो वे अपने बिल टी० आर० आफिस के भुगतान काउन्टर पर २४-४-८४ तक अवश्य भुगतान कर दें अन्यथा वह टेलीफोन जिनके उक्त बिलों का भुगतान २४-४-८४ तक न होगा, २४-४-८४ को सायं काट दिये जाएँगे।

यदि उपर्युक्त नम्बरों से सम्बन्धित बिल किसी को न मिला हो तो कृपया बिल की दूसरी कापी लेकर उक्त तारीख तक भुगतान अवश्य कर दें।

टेलीफोन उपभोक्ता कृपया ध्यान दें कि यदि टेलीफोन बिल के भुगतान न होने के कारण काटा जाएगा तो टेलीफोन जुड़वाने के लिए उनको बिल की राशि के अलावा एक साल के किराये की धनराशि का भी भुगतान करना होगा जो अग्रिम जमाखाते में रखी जाएगी अन्यथा टेलीफोन पुनः न ज़ोड़ा जा सकेगा।

मण्डलीय अभियन्ता फोन्स
बरेली

(अमर उजाला से साभार)

उदाहरण—२

(अ) अनुशासनिक कार्यवाही विषयक सूचना

सूचना

श्री बफाती पुत्र श्री नियाजउद्दीन,
मोहल्ला चौबुर्जी, मालखाना रोड,
शाहजहाँपुर,

चतुर्थ श्रेणी कर्मचारी, औद्योगिक प्रशिक्षण संस्थान, शाहजहाँपुर, को इस नोटिस द्वारा सूचित किया जाता है कि दिनांक २०-७-८२ से आप

निरन्तर संस्थान नहीं आ रहे हैं, और इस प्रकार आप कार्यालय से अनधिकृत रूप से अनुपस्थित रहने के दोषी हैं।

उक्त सूचना के प्रकाशन की तिथि से एक माह के अन्दर अपनी स्थिति स्पष्ट करें अन्यथा आपके मामले में एकतरफा निर्णय लेकर आपकी सेवायें समाप्त कर दी जाएँगी।

ए० आर० सिंह
प्रधानाचार्य
औद्योगिक प्रशिक्षण संस्थान
शाहजहाँपुर
नियुक्ति अधिकारी
(अमर उजाला से साभार)

(ब) श्री यशपाल सिंह ला० मैन
विद्युत वितरण उपखण्ड
रुद्रपुर

सूचना

आपको समाचार पत्र दैनिक अमर उजाला के माध्यम से सूचित किया जाता है कि आपको विद्युत वितरण उपखण्ड रुद्रपुर के कार्यालय ज्ञापन सं० १५८५ वि० वि० उपखण्ड (ख)/पी० एफ० दिनांक ८-६-८४ के द्वारा कार्यमुक्त करा दिया गया है। आपको निर्देश दिए गए हैं कि आप अपने नव तैनाती स्थान 'विद्युत नलकूप खण्ड' (विश्व बैंक) बरेली में अपनी योगदान सूचना प्रस्तुत करें।

आपको यह भी अवगत कराना है कि आपके द्वारा कार्यमुक्त आदेश जानबूझकर नहीं लिए गए जिन्हें आपके निवास पर चस्पा कर दिया गया। परिषद आदेशों का पालन न करना आपकी स्वयं की जिम्मेदारी होगी यह खण्ड आपके कार्यमुक्त होने की तिथि से आपके किसी भी क्लेम के लिए जिम्मेदार नहीं होगा। भविष्य में आप जो भी पत्र-व्यवहार करें वे अपने नव तैनाती स्थान को करें।

आर० के० माहेश्वरी
अधिशासी अभियन्ता
विद्युत वितरण खण्ड
हल्द्वानी
(अमर उजाला से साभार)

उदाहरण—३

आम सूचना

आम जनता को सूचित किया जाता है कि मैं श्रीमती सावित्री देवी पत्नी

श्री मोतीलाल पोरवाल निवासी कस्बा पं० फतेहगंज, बरेली की हूँ। मैं स्थिति जुमला रिहायशी मकानात दो मय दुकानात व मय जमीन की तन्हा मालिक काबिज व दाखिल हूँ। यह उक्त अचल सम्पत्तियाँ मैंने अपने पैसे से खरीदी हैं। उक्त अचल सम्पत्तियों से श्री मोतीलाल पोरवाल, मुन्नालाल व अन्य दीगर शख्स का कोई ताल्लुक बास्ता नहीं है। यदि कोई लेनदारी या देनदारी किसी बाबत श्री मोतीलाल पोरवाल या मुन्नालाल पुत्रगण स्व० डोरी लाल निवासी कस्बा पं० फतेहगंज बरेली से करेगा तो उसकी अपनी जिम्मेदारी होगी। मेरी या मेरी चल या अचल सम्पत्ति से नहीं।

श्रीमती सावित्री देवी पत्नी
श्री मोतीलाल पोरवाल
निवासी कस्बा पं० फतेहगंज
बरेली।

उदाहरण—४

कार्यालय अधिशासी अभियन्ता
प्रान्तीय खण्ड, सा० नि० वि०, ललितपुर

नीलामी सूचना

सर्वसाधारण को सूचित किया जाता है कि दिनांक ५-५-८४ को ३.०० बजे अपराह्न में खण्डीय भंडार प्रा० खण्ड सा० नि० वि० ललितपुर में मैक्सफाल्ट के खाली ड्रमों की नीलामी की जाएगी। इच्छुक व्यक्ति यदि नीलामी योग्य सामग्री देखना चाहें तो किसी भी कार्य-दिवस/नीलामी की दिनांक से पूर्व प्रात: ११.०० बजे से सायं ४.०० बजे तक नीचे लिखे स्थानों पर देख सकते हैं। बाद में कोई प्रत्यावेदन मान्य न होगा।

१. मैक्सफाल्ट के खाली ड्रम	१६०० अदद	(मडाणा)
२. ,, ,, ,,	८५० ,,	(रटोर ललितपुर)
३. ,, ,, ,,	२५० ,,	(महरौनी रेस्ट हाउस)

१. बोली बोलने वाले व्यक्ति को बोली बोलने से पूर्व १००० रु० नकद धनराशि के रूप में जमा करना होगा जो कि बोली समाप्त होने से तुरन्त बाद उच्चतम बोली बोलने वाले को छोड़कर वापिस कर दिया जाएगा।

२. जिस व्यक्ति की सबसे उच्चतम बोली होगी उसे कुल धनराशि का २५प्रति० तत्काल जमा करना होगा एवं सक्षम अधिकारी द्वारा बोली स्वीकृत किए जाने के उपरान्त बोली देने वाले का पत्र प्राप्ति के ७ दिन के भीतर नीलाम किए गए २५ प्रतिशत धनराशि राजकीय कोष में जमा कर दी जाएगी।

३. नीलामकर्ता अधिकारी को यह अधिकार सुरक्षित होगा कि वे किसी भी बोली अथवा सभी को बिना कारण बताए निरस्त कर सकता है।

४. नीलामी की गई सामग्री ऊपर लिखे स्थानों से उठानी होगी।

५. सामग्री की उपरोक्त मात्रा में घट-बढ़ हो सकती है।

६. ड्रमों के पूरे लौट को एक तरफ से ही गिनकर उठाना होगा।

अधिशासी अभियन्ता
प्रान्तीय खण्ड, सा० नि० वि०
ललितपुर

(१२) आदेश/आज्ञा (Order)

सामान्यतः कार्यालयों में या मुख्य कार्यालय के अधीनस्थ कार्यालयों एवं अनुभागों में वित्तीय स्वीकृतियों और अनुशासनिक मामलों में सम्बन्धित कर्मचारियों को सरकारी आदेशों की सूचना देने के लिए आदेश, आज्ञा या 'आर्डर' का प्रयोग किया जाता है। वस्तुतः यह आदेश राज्यादेश या कार्यालय ज्ञापन या शासकीय पत्र के रूप से किंचित परिवर्तित होता है।

उदाहरण—१

उत्तर प्रदेश शासन
कार्यालय प्रमुख अभियन्ता, उ० प्र०
सार्वजनिक निर्माण विभाग
व्यवस्थापन (क) वर्ग
लखनऊ

संख्या ३४५३-ई०ए०जी/२-ईए-८३ (वि०/यां) दिनांक २८ दिसम्बर ८३

आज्ञा

संयुक्त सचिव, उत्तर प्रदेश शासन, सार्वजनिक निर्माण अनुभाग-४ के अ० शा० पत्र सं० ३३७४-ई बी आर/२३(३)-३(१७४)-८३ दिनांक ३ दिसम्बर १९८३ में दिए गए शासन के आदेशों के अनुपालन में श्री अजीज रफी, सहायक अभियन्ता (वि०/यां) को वि० नि० ई० सा० नि०, हरदोई के अस्थायी (वि०/यां) खण्ड नं० २, सा० नि० वि० बरेली, स्थानान्तरण करने के आदेश दिए जाते हैं, जो तात्कालिक प्रभावी होगा।

इस स्थानान्तरण का श्री अजीज रफी, सहायक अभियन्ता (वि०/यां) को कोई यात्रा भत्ता आदि देय न होगा।

(ह०) शीतलाशरण
प्रमुख अभियन्ता

उदाहरण—२

उत्तर प्रदेश शासन

कार्यालय जिला अधिकारी, मुजफ्फरनगर

संख्या४१२१-३८/स्था० पंचायत दिनांक २६ दिसम्बर, १९८३

आज्ञा

श्री भगवतशरण गुप्ता, जिला पंचायत राजअधिकारी मुजफ्फरनगर के दिनांक ३१ दिसम्बर १९८३ से सेवानिवृत्ति होने के फलस्वरूप रिक्त हुए पद पर अन्य नियुक्ति होने तक श्री के० सी० मिश्र संख्याधिकारी, मुजफ्फरनगर अपने कार्य के साथ-साथ जिला पंचायत राज अधिकारी का कार्य भी करेंगे, उनको इसके लिए पृथक से कोई भत्ता देय नहीं होगा।

(ह०) करनैल सिंह
जिलाधिकारी

(१३) अनुस्मरण पत्र/अनुस्मारक (Reminder)

अनुस्मरण पत्र या अनुस्मारक पत्र मूल पत्र का उत्तर प्राप्त न होने पर पुनः सम्बन्धित कार्यालय एवं अधिकारी को कार्य-सम्पादन कर सूचना शीघ्र भिजवाने के लिए भेजा जाता है। अनुस्मरण या अनुस्मारक या स्मरणपत्र किसी भी सरकारी पत्र, कार्यालय ज्ञापन आदि के लिए हो सकता है, जिनका उत्तर एक निश्चित अवधि में प्राप्त होना चाहिए, पर निर्धारित अवधि में उत्तर न प्राप्त होने के अभाव में भेजा जाना आवश्यक होता है।

अनुस्मरण या अनुस्मारक पत्र का प्रारूप तो पहले पत्र के समान ही रहता है, पर अन्त में इस बात पर खेद भी प्रकट किया जाता है कि सम्बन्धित विभाग से उत्तर-प्राप्ति की अवधि बीत चुकी है, जिसके परिणामस्वरूप कार्य की प्रगति में बाधा हो रही है।

उदाहरण (अ)

............शासन

............विभाग

पत्रांक............ ... दिनांक.........

प्रेषक...............

....

प्रेषिती...........

....

विषय—अनुस्मरण पत्र

महोदय,

इस कार्यालय के समसंख्यक पत्र संख्या दिनांक———के सन्दर्भ में मुझे आपसे यह पूछने का निदेश हुआ है कि वांछित सूचना के सम्बन्ध में आपके उत्तर की प्रतीक्षा कब तक की जाए ?

आशा है कि इस सम्वन्ध में उच्च प्राथमिकता बरतते हुए एक सप्ताह की अवधि में आप वांछित सूचना भेज देंगे।

भवदीय

....

[क ख ग]

....

(ब)

............शासन

.... विभाग

पत्रांक............... दिनांक.........

अनुस्मरण पत्र संख्या............

विषय : ....

महोदय,

उक्त विषय में भेंजे गए पत्र का उत्तर एक सप्ताह की अवधि में अविलम्ब भिजवायें तथा इसे प्राथमिकता दें।

भवदीय

....

[क ख ग]

.... पदनाम

(१४) पृष्ठांकन (Endorsement)

शासकीय पत्र-व्यवहार में पृष्ठांकन चार रूपों में प्रयुक्त होता है। प्रथम रूप में पृष्ठांकन तव किया जाता है, जब कोई मूल रूप में पत्र प्रेषक को ही वापस किया जाता है। द्वितीय रूप में पृष्ठांकन का प्रयोग तब किया जाता है, अब मूल पत्र की प्रतिलिपि प्रेषिती के अतिरिक्त किसी अन्य मंत्रालय या उससे सम्बद्ध किसी अन्य विभाग, प्रभाग तथा कार्यालयों को जानकारी दिए जाने अथवा टिप्पणी करने और

अन्तिम रूप से कार्य निपटाने के लिए भेजा जाता है। तृतीय रूप पृष्ठांकन तैयार करने का जब आता है, अब किसी पत्र की प्रतिलिपियाँ मूल पत्र के प्रेषिती के अतिरिक्त दूसरे अन्य सम्बन्धित व्यक्तियों की सूचनार्थ भेजी जानी आवश्यक होती हैं। चतुर्थ रूप में पृष्ठांकन मूल पत्र को अविकल रूप में सम्बन्धित व्यक्तियों को भेजा जाता है तो नीचे प्रेषित करने वाला कार्यालय पृष्ठांकन संख्या तथा दिनांक लगाकर सम्बन्धित व्यक्तियों को अग्रिम कार्यवाही का निर्देशन करने के लिए किया जाता है।

प्रारूपकार को इन चारों रूपों का ध्यान रखना बहुत आवश्यक होता है। प्रथम रूप में मूल पत्र पर ही कार्यालय कार्यवाही करता है और उस मूल पत्र पर नीचे बचे हुए स्थान पर अथवा उसके पीछे ही अपने विभाग का नाम, पत्रांक एवं दिनांक का उल्लेख कर "मूल पत्र इस टिप्पणी के साथ लौटाया जा रहा है कि···" वाक्य से आरम्भ कर उत्तर लिखा जाता है। परन्तु शासकीय कार्यालयों में प्रायः मूल पत्र वापस नहीं किए जाते हैं। तृतीय रूप में पृष्ठांकन करते समय पृष्ठांकन पर निम्नरूपेण शब्दावली प्रयोग की जाती है—

(अ) मूल पत्र के साथ उसके उत्तर की यह प्रतिलिपि सूचनार्थ अथवा पत्र-प्रदर्शन के लिए

(आ) आवश्यक कार्यवाही हेतु,

(इ) शीघ्र अनुपालनार्थ,

(ई) रिकार्ड के लिए,

(उ) उत्तर देने की कृपा करने के लिए प्रेषित की जा रही है,

(ऊ) प्रतिलिपि आवश्यक कार्यवाही एवं सूचनार्थ प्रेषित,

(ए) प्रतिलिपि सूचनार्थ।

मूल पत्र ही वापस किया जाए तो उस पर अपने कार्यालय का नाम, "पत्रांक एवं दिनांक का उल्लेख किया जाए।

इसमें सम्बोधन एवं स्वनिदेश नहीं होता है। मूल कथ्य की समाप्ति पर अधिकारी के हस्ताक्षर का स्थान छोड़कर नीचे कोष्ठक में अधिकारी का नाम, उसके नीचे पद-नाम अंकित किया जाता है।

भाषा शासकीय पत्रों की भाँति सुस्पष्ट, सरल होती है।

पृष्ठांकन अन्य पुरुष में ही होता है।

उदाहरण—

राज्य सम्पत्ति अनुभाग-१

संख्या ई-४३३(१) ३२ एन-टी-५२९-९७ दिनांक·········

प्रतिलिपि निम्नांकित को सूचनार्थ एवं आवश्यक कार्यवाही हेतु प्रेषित

(१) महालेखाकार, उत्तर प्रदेश, इलाहाबाद,

(२) राज्य सम्पत्ति अधिकारी, उ० प्र० शासन, लखनऊ,

(३) मुख्य अभियन्ता, सार्वजनिक निर्माण विभाग, उ० प्र०, लखनऊ,

(४) अधीक्षण अभियन्ता, सार्वजनिक निर्माण विभाग, नैनीताल,

(५) अधिशासी अभियन्ता, प्रान्तीय प्रखण्ड, सार्वजनिक निर्माण विभाग, नैनीताल,

(६) सहायक अभियन्ता आवास, प्रान्तीय खण्ड, सार्वजनिक निर्माण विभाग, नैनीताल,

(७) मैनेजर, नैनीताल क्लब, नैनीताल,

(८) वित्त (ई-८) अनुभाग, सचिवालय, उ० प्र० शासन, लखनऊ।

(१५) प्रस्ताव (Proposal)

प्रस्ताव शासकीय पत्र व्यवहार एक महत्त्वपूर्ण स्वरूप है। विभिन्न प्रकृति के अनुसार इस प्रस्ताव के निम्नलिखित रूप स्वीकार किये जाते हैं—

(i) प्रस्ताव या संकल्प (Resolution)

(ii) प्रस्ताव या प्रज्ञप्ति (Proposal)

(iii) प्रस्ताव या उपस्ताव (Motion)

(अ) विशेषाधिकार (Priviledge Motion)

(आ) अविश्वास उपस्ताव (Non-confidence Motion)

(इ) धन्यवाद उपस्ताव (Thanks Motion)

(ई) निंदा उपस्ताव (Censor Motion)

(iv) शोक या सम्वेदना प्रस्ताव (Condolence)

उपर्युक्त वर्गीकरण से 'प्रस्ताव' नाम से विभिन्न शब्दों का भिन्न अर्थ मिलता है।

संकल्प (Resolution) का प्रयोग प्रायः निम्नलिखित अवस्थाओं में किया जाता है—

(अ) नीति सम्बन्धी सरकारी निर्णयों की घोषणाओं के हेतु,

(आ) जाँच आयोगों तथा समितियों की नियुक्ति तथा ऐसे अन्य निकायों के प्रतिवेदनों की जांच के आँकड़ों को सार्वजनिक रूप से घोषित करने के लिए।

संकल्प शासन द्वारा सर्वप्रथम राजकीय राजपत्र या गजट में प्रकाशित किया जाता है।

प्रस्ताव या प्रज्ञप्ति (Proposal) अपनी योजनाओं को कार्यान्वित करने के लिए शासन द्वारा प्रस्तुत किये जाते हैं। निकायों निगमों आदि में भी विभिन्न

कार्यों के संचालन के लिए भी प्रस्ताव पारित किये जाते हैं। इनमें योजना या कार्य का स्वरूप, उसके निमित्त वित्तीय प्रावधान तथा क्रियान्वयन का स्वरूप प्रज्ञप्त किया जाता है। ऐसे प्रस्ताव शासन मंत्रिमण्डल द्वारा पारित कराता है। इसको विशेष परिस्थिति में ही राजकीय राजपत्र में प्रकाशित किया जाता है, पर सार्वजनिक रूप से इसके व्यापक प्रचार के लिए समाचार पत्रों में प्रकाशित कराया जाता है।

जब कुछ प्रस्ताव मंत्रिमण्डल द्वारा सदन के पटल पर विचारार्थ सांसद अथवा विधायकों द्वारा सरकार के विचारार्थ रखें जाते हैं तो वे प्रस्ताव के स्थान पर संस्ताव (Motion) कहे जाते हैं। कभी-कभी सरकार के किसी प्रस्ताव या निर्णय पर विरोधी सांसद अथवा विधायकों या विरोध पक्ष पर सदन में एक प्रकार का प्रस्ताव रखा जाता है उसे 'निन्दा प्रस्ताव' (Censor Motion) कहा जाता है। संसद या विधानसभा आदि में सदस्यों को कुछ विशेषाधिकार प्राप्त हैं तथा इनके सदस्य कभी-कभी सरकार के निर्णय पर अपने विशेष प्रस्ताव रखकर पुनर्विचार के लिए सरकार को बाध्य करते हैं तो उसे विशेषाधिकार उपस्ताव (Priviledge Motion) कहा जाता है। इसी प्रकार सरकार के विरुद्ध जो उपस्ताव या प्रस्ताव रखा जाता है उसे (Non-Confidence Motion) कहा जाता है। प्रशंसा करने के लिए विपक्ष एवं पक्ष द्वारा तथा सत्रारम्भ में राष्ट्रपति अथवा राज्यपाल के अभिभाषण पर धन्यवाद प्रस्ताव (Thanks Motion) भी विधायिकाओं में रखा जाता है।

प्रस्ताव का एक अन्य रूप और है जो 'शोक प्रस्ताव' (Condolence Motion) कहलाता है जो किसी दुर्घटना, सार्वजनिक क्षति, महान व्यक्ति के निधन या सहकर्मी अधिकारी या कर्मचारी या अधीनस्थ कर्मचारी की मृत्यु या उसके निकटतम सम्बन्धी की मृत्यु पर शोक प्रस्ताव पारित करके भेजा जाता है।

शासकीय पत्र-व्यवहार में विशेषकर कार्लालयों में जिस रूप का प्रचलन है, वह प्रस्ताव (Proposal) का ही है। स्वायत्त संस्थाओं, निकायों तथा निगमों में नए कार्य संचालन के लिए पहले संचालक मण्डल में जो प्रस्ताव रूप प्रचलित है, वह संकल्प या संस्ताव (Resolution) कहा जाता है। कार्यालयों में तीसरा रूप सम्वेदनापरक अभिव्यक्ति से सम्बन्धित शोक प्रस्ताव (Condolence Motion) होता है।

प्रारूपकार जब शासकीय व्यवस्था के अन्तर्गत किसी नये कार्य-संचालन अथवा वित्तीय व्यय हेतु जो भी व्यवस्था उच्चाधिकारियों अथवा मंत्रालय के समक्ष रखने के लिए प्रस्ताव रूप में रखता है तो उसमें—

(अ) पृष्ठभूमि और समस्या (Preamble)

(आ) पूर्व निर्गत शासकीय आदेश या निर्णयों का उल्लेख (Observations)

(इ) वर्तमान स्थिति (Present Position)

(ई) भावी व्यवस्थाओं का प्रारूप Resolution order

आदि का क्रमबद्ध उल्लेख करता है।

प्रस्ताव जिन-जिन उच्चाधिकारियों को प्रेषित किया जाएगा इसकी निर्देश भी प्रारूपकार नीचे करता है।

प्रस्ताव की भाषा सरल एवं सुस्पष्ट होती है ताकि शीघ्र ही समझ में आ सके।

प्रस्ताव अन्य पुरुष में लिखा जाता है।

उदाहरण—१

संकल्प (Resolution)

क्रमसंख्या २४/वि/७८/३-व्य/३७५

भारत सरकार

वित्त मंत्रालय

(व्यय अनुभाग)

नई दिल्ली, दिनांक २० जुलाई, १६८२

संकल्प

गत कुछ समय से भारत सरकार इस प्रश्न पर विचार कर रही है कि केन्द्रीय सरकार के कर्मचारियों को दिए जाने वाले मँहगाई भत्ते के कुछ अंश को मूल वेतन का ही एक भाग मान लिया जाय। अब भारत सरकार ने इस जांच-पड़ताल हेतु तथा इस सम्बन्ध में सरकार की सिफारिश प्रस्तुत करने के लिए एक समिति के निर्माण का निर्णय किया है जिसमें सरकारी तथा गैर-सरकारी दोनों ही वर्गों के सदस्य होंगे।

श्री·········भूतपूर्व न्यायाधीश, भारत के सर्वोच्च न्यायालय (सुप्रीम कोर्ट आफ इण्डिया) इस समिति के अध्यक्ष होंगे तथा अन्य दो सदस्य होंगे—

(१) श्री············अवकाश प्राप्त नागरिक सेवा संवर्गीय

(२) श्री············सांसद

इस समिति का विचार-क्षेत्र निम्नलिखित होगा—

(अ) क्या महँगाई भत्ते को वेतन के अंश के रूप में मान लिया जाय?

(आ) क्या कर्मचारियों के वेतनक्रमों में संशोधन की आवश्यकता है?

(इ) उपयुक्त संशोधन क्या होने चाहिए?

(ह०)··················

सह सचिव,

—

भारत सरकार

क्रम-संख्या.........   दिनांक...............

आदेश—आदेश दिया गया कि प्रस्ताव जनसाधारण की जानकारी हेतु भारत शासन के राजपत्र (गजट) में प्रकाशित किया जाए।

(ह०)...............

सह सचिव,

भारत सरकार,

उदाहरण—२

प्रज्ञप्ति (Proposal)

राजस्थान राज्य शीर्ष सहकारी उपभोक्ता भण्डार लि०

राजस्थान जयपुर

प्रस्ताव

राजस्थान राज्य शीर्ष सहकारी उपभोक्ता भण्डार लि०, राजस्थान, जयपुर की एक विशेष बैठक केन्द्रीय सभागार में राज्य के मुख्यमंत्री, वित्तमंत्री और सहकारिता एवं ग्रामीण विकास मंत्री के सान्निध्य में हुई और निम्नलिखित प्रस्ताव पारित किया गया—

"राजस्थान राज्य शीर्ष सहकारी उपभोक्ता भण्डार लि० राजस्थान, जयपुर की यह आवश्यक कार्य परिषद सर्वसम्मत रूप में यह प्रस्ताव करती है कि राज्य के प्रत्येक विकास खण्ड स्तर पर सहकारी उपभोक्ता भण्डार की शाखाएँ खोली जाएँगी और चीनी, किरासिन तेल, उपभोक्ता वस्तुएँ तथा रासायनिक खाद वितरण का समस्त कार्य यही शाखाएँ करेंगी तथा उनके सुदृढ़ संचालन के लिए विकास अधिकारी, प्रधान, तहसीलदार के प्रतिनिधित्व के अतिरिक्त जिला सहकारी भण्डार के अध्यक्ष एवं व्यवस्थापक तथा सहकारी जिला बैंक के अध्यक्ष एवं व्यवस्थापक और स्थानीय विधायक की एक समिति गठित की जाएगी।

(ह०)............	(ह०)............
सचिव,	अध्यक्ष,
राजस्थान राज्य शीर्ष सहकारी	राजस्थान राज्य शीर्ष सहकारी
उपभोक्ता भण्डार लि०	उपभोक्ता भण्डार लि०
राजस्थान, जयपुर	राजस्थान, जयपुर

(ह०).........

महा प्रबन्धक

राजस्थान राज्य शीर्ष सहकारी उपभोक्ता
भण्डार लि०, राजस्थान
जयपुर

उदाहरण—३

शोक-प्रस्ताव

……………की यह आम सभा………परिसर में कार्यरत श्री…… के पूज्य पिताश्री………की अकाल मृत्यु पर गहरा शोक प्रकट करती है तथा यह अनुभव करती है कि श्री………………के निधन से परिवार को अपार क्षति हुई है।

इस सभा में उपस्थित सभी ईश्वर से प्रार्थना करते हैं कि वह दिवंगत आत्मा को शान्ति प्रदान करे और श्री………के परिवार के सभी सदस्यों को इस दारुण और असह्य दुख को सहन करने की शक्ति प्रदान करे।

हम हैं आपके दुख में सहभागी
……… के सभी सदस्य

दिनांक……………

(१६) प्रेस विज्ञप्ति (Press Note)

शासन या सरकार को जब सर्वसाधारण की जानकारी हेतु अपने निर्णय की सूचना देनी होती है तो प्रेस विज्ञप्ति प्रकाशित की जाती है। चूंकि प्रेस विज्ञप्ति या प्रेस नोट सरकार के किसी निर्णय, प्रस्ताव अथवा आदेश के विस्तृत प्रचार के लिए निर्गत किया जाता है अतः समाचारपत्रों में वह अविकल रूप से ही प्रकाशित किया जाता है। प्रेस विज्ञप्ति में काट-छांट करने या परिवर्तन करने या सम्पादित करने का अधिकार समाचारपत्र के सम्पादक को भी नहीं होता है। लेकिन यदि प्रेस विज्ञप्ति नहीं है, समाचार ही शासकीय कार्यालय से निर्गत किया गया है, तो उसको सम्पादित किया जा सकता है।

शासन द्वारा प्रेस विज्ञप्ति को 'प्रेस कम्यूनीकेशन' या 'प्रेस कम्यूनीक' भी कहा जाता है। ऐसी विज्ञप्तियों को प्रसारण के लिए आवश्यक वैधिक निषेधों की परिपालना करना भी आवश्यक है क्योंकि सरकार एक निश्चित अवधि से पूर्व सभी समाचारपत्रों को अपनी ओर से विज्ञप्ति प्रकाशनार्थ प्रेषित करते हुए एक तिथि और निश्चित समय के पूर्व प्रकाशित किए जाने पर प्रतिबन्ध लगा देती है तथा स्वयं प्रेस विज्ञप्ति तैयार करके केन्द्रीय सरकार प्रेस सूचना ब्यूरो को और राज्य सरकारें अपने जनसम्पर्क निदेशालयों या लोकसम्पर्क निदेशालयों को अवधिपरक प्रतिबन्ध के साथ भेजती है।

परन्तु प्रकाशनार्थ मूल प्रेस विज्ञप्ति सूचना अधिकारी, जनसम्पर्क अधिकारी के पास प्रसारित किए जाने के लिए भी भेजी जाने से पूर्व अधिकृत अधिकारी द्वारा हस्ताक्षरित की जाती है।

अग्रसरित करनेवाले या हस्ताक्षर करनेवाले अधिकारी एवं पदनाम का दाईं ओर उल्लेख हो जाने के बाद बाईं ओर स्थान छोड़कर विज्ञप्ति प्रसारित करनेवाले अधिकारी को उसकी प्रति प्रकाशनार्थ कार्यवाही करने हेतु भेज दी जाती है।

प्रेस विज्ञप्ति करनेवाले मंत्रालय एवं विभाग का नाम भी अंकित किया जाता है।

प्रेस विज्ञप्ति

जनपद शाहजहाँपुर में कुछ ग्राम पंचायत अधिकारियों के अस्थायी रिक्त पद जो घट-बढ़ सकते हैं। आरक्षण शासनादेशानुसार हेतु आवेदन पत्र दिनांक २-७-८४ तक आमंत्रित किए जावेंगे।

फरवरी १९८२ में उक्त पद के लिए समाचारपत्र में प्रकाशित विज्ञप्ति संख्या ६१९-२१/प०/स्था० दिनांक ८-२-८४ के अन्तर्गत प्रेषित आवेदनपत्रों के प्राथियों को सूचित किया जाता है कि वे प्रार्थनापत्र निरस्त कर दिए गए हैं। यदि वे इस परीक्षा में भाग लेना चाहते हैं और सभी शर्तें पूरी कर रहे हैं तो उन्हें भी निर्धारित आवेदनपत्र के प्रारूप पर पुनः आवेदन करना आवश्यक होगा तथा साथ ही आवेदन शुल्क जो उन्हें गत प्रार्थनापत्र के साथ जमा किया था उसका चालान सं०, ट्रेजरी अथवा बैंक का नाम व स्थान आवेदन पत्र में अंकित करना होगा। शुल्क की शेष धनराशि अंकन ५-०० रुपया का चालान आवेदन पत्र के साथ भेजा जाए तभी विचार संभव हो सकेगा।

१-वेतनक्रम:-३३०-४९५

२-शैक्षिक योग्यता:-माध्यमिक शिक्षा परिषद की इंटरमीडियेट परीक्षा या उसके समकक्ष मान्यता प्राप्त कोई परीक्षा उत्तीर्ण की हो।

३-आयु प्रतिबंध:- १-१-८४ को १८ वर्ष से कम न हो तथा ३० वर्ष से अधिक न हो। अनुसूचित जाति, अनु० जन जाति पिछड़े वर्ग तथा स्वतंत्रता सेनानी आदि के अभ्यर्थियों की आयु में शासनादेशानुसार छूट।

४-आवेदन पत्र के साथ-शैक्षिक योग्यता, आयु, जाति, चरित्र आदि के आवश्यक प्रमाणपत्रों की सत्य प्रतिलिपियाँ संलग्न की जानी अनिवार्य हैं।

५-परीक्षा शुल्क:-परीक्षा शुल्क एवं फार्म का मूल्य ७.०० रुपया जो ट्रेजरी चालान से तीन प्रतियों में लेखा शीर्षक (८४३-पी० एल० ए०-जिला गाँव फंड) की मद में जनपद शाहजहाँपुर के किसी भी कोषागार में जमा कर एक प्रति चालान की आवेदन पत्र के साथ संलग्न कर भेजी जाए।

६-लिखित परीक्षा एवं साक्षात्कार :-लिखित परीक्षा दिनांक ८-७-८४ को आयोजित की जाएगी व सफल अभ्यर्थियों को साक्षात्कार हेतु पृथक से सूचित किया जाएगा।

परीक्षा के लिए निर्धारित केन्द्र व समय की सूचना प्रवेश पत्र में अंकित रहेगी। बिना प्रवेश पत्र के परीक्षा में बैठने की अनुमति नहीं दी जाएगी। आवेदन पत्र के साथ पास पोर्ट साइज के दो फोटो लगे होने चाहिए। आवेदनपत्र अपूर्ण अथवा गलत होने की दशा में निरस्त कर दिया जाएगा।

आवेदनपत्र का प्रारूप पंचायत उद्योग मिश्रीपुर जो फूस वाले बंगले में कैन्टूनमेंट एरिया में स्थित है प्रातः ११ बजे से ३ बजे सायं तक दिनांक २-७-८४ तक प्राप्त किया जावेगा। प्रवेश पत्र परीक्षा की तिथि से दो दिन पूर्व जिला पंचायत राज अधिकारी, शाहजहाँपुर के कार्यालय में प्राप्त करने होंगे। फार्म के साथ सेवा योजन कार्यालय के रजिस्ट्रेशन कार्ड की फोटो कापी लगना अनिवार्य होगा।

वी० एन० मिश्र
पंचायत राज अधिकारी, शाहजहाँपुर
(अमर उजाला से)

(१७) स्वीकृति / मंजूरी पत्र (Sanction Letter)

कुछ स्थितियों में शासकीय कार्य सम्पादन के निमित्त राष्ट्रपति या राज्यपाल से, जैसी भी स्थिति हो, किसी कार्य विशेष के सम्पादन की स्वीकृति किसी मंत्रालय, विभाग या कार्यालय को प्राप्त करना आवश्यक हो जाता है। यद्यपि यह शासकीय पत्र ही होता है, पर वह राष्ट्रपति या राज्यपाल, जैसी भी स्थिति हो, के नाम पर ही तैयार किया जाता है। स्वीकृति पत्र का प्रारूप ठीक शासकीय या सरकारी पत्र जैसा ही होता है। जिन अधिकारियों एवं कर्मचारियों पर इससे सम्बन्धित कार्य करने का दायित्व होता है अथवा जो प्रभावित होते हैं, उनके लिए इसका पृष्ठांकन किया जाता है। चूंकि इस स्वीकृति पत्र के साथ वित्तीय प्रश्न भी जुड़े होते हैं, अतः इसकी प्रतियाँ वित्त मंत्रालय और महालेखाकार को भी भेजी जाती हैं।

स्वीकृति या मंजूरी पत्र का प्रारूप तैयार करते समय प्रारूपकार को शासकीय पत्र की अर्हताओं का निर्वाह ही यहाँ करना होता है तथा उत्तम पुरुष में लिखा जाता है।

उदाहरण—१

पत्र संख्या...............
...............सरकार

सूचना एवं प्रसारण मंत्रालय

(पता)............

नई दिल्ली-११०००१

दिनांक............

प्रेषक—

मणिकान्त पाण्डेय,

.........सचिव

भारत सरकार

प्रेषिती—

क्षेत्रीय निदेशालय

सूचना एवं प्रसारण मंत्रालय

राजस्थान क्षेत्र

५-गोविन्द मार्ग

जयपुर-३०२०० ।

विषय : डूंगरपुर-बाँसवाड़ा इकाई में क्षेत्रीय प्रचार कार्यालय में अधिकारी की नियुक्ति

महोदय,

आपको यह सूचना देने का मुझे निदेश मिला है कि राष्ट्रपति ने कृपापूर्वक आपकी क्षेत्रीय इकाई डूंगरपुर-बाँसवाड़ा के लिए वेतन शृंखला...... में एक प्रचार अधिकारी पद की स्वीकृति प्रदान कर दी है।

इस सम्बन्ध में होनेवाला व्यय वर्तमान वित्तीय वर्ष के निर्धारित बजट में से ही किया जाएगा।

भवदीय

....

(क ख ग)

...सचिव

गृहमंत्रालय,

दिनांक.........

पत्रांक.............

प्रतिलिपि सूचनार्थ प्रेषित

सूचनार्थ एवं आवश्यक कार्यवाही हेतु

(१)...........................

(२)...........................

आज्ञा से

....

......सचिव

उदाहरण—२

उ० प्र० शासन
पर्वतीय विकास (?) विभाग

पत्र संख्या............ दिनांक.........

स्वीकृति पत्र

प्रेषक—

.........नाम
(पदनाम)
.........स्थान

प्रेषिती—

कुलपति
कुमाऊँ विश्वविद्यालय
नैनीताल

विषय : डी० एस० बी० संघटक कालेज, नैनीताल के क्षतिग्रस्त कला भवन के निर्माण के सम्बन्ध में

सन्दर्भ : आपका पत्र-संख्या............
दिनांक

प्रिय महोदय,

सन्दर्भगत विषय में मुझे यह कहने का निदेश हुआ है कि डी० एस० बी० संघटक कालेज, नैनीताल के आग में क्षतिग्रस्त भवन के पुनर्निर्माण के लिए पर्वतीय विकास विभाग से ३० लाख रुपए की राशि सार्वजनिक निर्माण विभाग को हस्तान्तरित कर दी गई है ताकि सार्वजनिक निर्माण विभाग निर्माण कार्य तुरत्प्रभाव से आरम्भ कर सके।

भवदीय
....
(क ख ग)
संयुक्त सचिव
पर्वतीय विकास विभाग

पत्र-संख्या......... दिनांक..............

प्रतिलिपि सूचनार्थ एवं आवश्यक कार्यवाही हेतु प्रेषित—

(१) शिक्षा (१५) विभाग
(२) निदेशक उच्च शिक्षा, उ० प्र०, इलाहाबाद

(३) मुख्य अभियन्ता सार्वजनिक निर्माण विभाग, उ० प्र०, इलाहाबाद
(४) अधीक्षण अभियन्ता, सा० नि० वि० नैनीताल
(५) अधिशासी अभियन्ता, प्रान्तीय प्रखण्ड, सा० नि० वि० नैनीताल
(६) जिला अधिकारी, नैनीताल
(७) वित्त (ई-११) विभाग

आज्ञानुसार
....
(क ख ग)
संयुक्त सचिव

(१८) निविदा सूचना (Tender Notice)

निविदा या टेण्डर (Tender) शासकीय पत्र-व्यवहार का ऐसा रूप है जिसके द्वारा शासकीय विभागों एवं कार्यालयों में काम आनेवाली आवश्यक वस्तुओं का क्रय करने, एक सुनिश्चित राशि तक के किसी भी निर्माण कार्य, वस्तु सम्भरण आदि के लिए प्रसारित एवं प्रकाशित किया जाता है जिसके लिए शासन के पास निश्चित दरों के अनुबन्ध (Rate Contracts) नहीं होते हैं तथा किसी भी विभागाध्यक्ष को ऐसे शासकीय कार्य के निर्माण या किसी भी वस्तु के क्रय करने के स्वैच्छिक अधिकार नहीं होते हैं।

निविदा या टेण्डर एक प्रकार से शासकीय 'सूचना' (Notice) के रूप में ही होता है जिसके अन्तर्गत क्रय की जानेवाली वस्तु या निर्माण की जाने वाली वस्तु अथवा कार्यालय उपयोग में न आनेवाली वस्तु को बेचने का पूरा विवरण प्रकाशित कराया जाकर, अपनी निहित शर्तों के आधार पर वस्तु के क्रय-विक्रय या निर्माण के लिए इच्छुक निविदादाताओं से दरें (Rates) माँगी जाती हैं।

निविदा के निम्नलिखित प्रकार होते हैं—

(१) नीलामी सूचना (Tender for Sale)
(२) अल्पकालीन निविदा (Short Term Tender)
(३) कथित मूल्य/बाजार भाव (Quotation)
(४) सार्वभौम/विश्वव्यापी निविदा (Global Tender)

उपर्युक्त में जब किसी वस्तु को सार्वजनिक रूप से बेचने की सूचना प्रकाशित की जाती है तो उसे नीलामी सूचना (Tender for Sale) कहते हैं। इसी प्रकार किसी कार्य को सार्वभौमिक या विश्वव्यापी स्तर पर अच्छे ढंग से करना होता है तो उसके लिए विश्वव्यापी निविदा (Global Tender) आमन्त्रित किए जाते हैं। जब कार्य शीघ्र ही समाप्त कराया जाना होता है तो अल्पकालीन निविदा (Short Term Tender) माँगा जाता है। जब बाजार-भाव पर

वस्तु क्रय की जानी है तो उस दशा में कोटेशन (Quotation) आमन्त्रित किए जाते हैं। जिसमें धरोहर राशि (अर्नेस्ट मनी) जमा नहीं कराई जाती। निविदा आमन्त्रण मुहरबन्द (सीलबन्द) लिफाफे में वस्तुओं के नमूने या डिजायन एवं निश्चित धरोहर राशि (अर्नेस्ट मनी) सहित, एक निश्चित अवधि में या घोषित तिथि तक कार्य समाप्त करने के अनुबन्ध सहित विभाग या कार्यालय द्वारा निश्चित शर्तों पर किया जाता है, जिसमें निविदाकर्ता अधिकारी में उन निहित शक्तियों का उल्लेख भी रहता है जिनके अन्तर्गत वह किसी निविदा का निरस्त कर सकता है तथा उसे न्यायालय में चुनौती नहीं दी जा सकती है।

इफको

(बिक्री हेतु मुहरबन्द निविदा)

इफको, क्षेत्रीय कार्यालय बरेली द्वारा निम्न भण्डारागारों में खाली 'सी' क्लास बोरों की बिक्री हेतु अधोहस्ताक्षरकर्ता के कार्यालय में दिनांक ५.५.८४ की अपराह्न ४ बजे तक शीलडबन्द लिफाफे में पंजीकृत डाक द्वारा निविदाएँ आमंत्रित की जाती हैं। निविदाएँ ७-५-८४ की सुबह ११ बजे निविदादाताओं के समक्ष खोली जाएँगी।

इच्छुक खरीददार भण्डारागारों में बोरी का निरीक्षण जहाँ जैसे है कर सकते हैं।

निविदा के साथ ५००/- (पाँच सौ रुपए) का ड्राफ्ट सिक्योरिटी के रूप में जोकि इफको लखनऊ को देय होगा, संलग्न करना आवश्यक है अन्यथा निविदा निरस्त समझी जावेगी। नकद धनराशि स्वीकार नहीं की जावेगी।

अधोहस्ताक्षरकर्ता को पूर्ण अधिकार होगा कि वे किसी एक अथवा सभी निविदाओं को बिना कारण बताए रद्द कर सकते हैं।

भण्डारागार का नाम	खाली बोरों की संख्या	
	यूरिया	एन० पी० के०
१. परसाखेड़ा, बरेली	३००	६९७
२. पीलीभीत	—	१५३६
३. शाहजहाँपुर	१३४५	१८२५
४. बरेली सिटी	१२१६	१९०७
५. बदायूं	२५४०	१०५१

पूरनसिंह मेहरा
क्षेत्रीय प्रबन्धक, इफको
३५-एम/सी-१, रामपुर बाग, बरेली (उ. प्र.)

चूरू जिला सहकारी दुग्ध उत्पादक संघ लि०, सरदार शहर

क्रमांक : निर्माण: ८३-८४/४८८४-४५०३ दिनांक : १७-१२-८३

निविदा सूचना

परियोजना अधिकारी, चूरू जिला सहकारी दुग्ध उत्पादक संघ लि० सरदार शहर की ओर से निम्नलिखित निर्माण कार्य हेतु मोहरबन्द निविदाएँ 'अ' व 'ब' श्रेणी के सी० पी० डब्लू० डी० सार्वजनिक निर्माण विभाग, एम० ई० एस० जन स्वास्थ्य अभियांत्रिकी विभाग, से पंजीकृत ठेकेदारों से ही आमंत्रित की जाती हैं। कार्य से संबंधित जानकारी अधोहस्ताक्षरकर्ता के कार्यालय से किसी भी कार्य दिवस को प्राप्त की जा सकती है। निविदाएँ कार्य के सामने अंकित तिथि से एक दिन पूर्व कार्यालय से विक्रय की जावेंगी तथा प्राप्ति तिथि के दिन २ बजे तक प्राप्त की जाकर उसी दिन सायं ४ बजे उपस्थित ठेकेदारों के सामने खोली जावेंगी। धरोहर राशि निविदा प्रति लेने से पूर्व जमा करवानी होगी। एवं निविदा स्वीकृत होने के पश्चात ही लौटाई जा सकेगी। तार द्वारा प्रेषित निविदाएँ स्वीकार नहीं की जावेंगी। अधोहस्ताक्षरकर्ता को यह अधिकार होगा कि प्राप्त निविदाएँ बिना किसी सूचना के अस्वीकृत कर सकते हैं।

क्र०सं०	कार्य का नाम	अनुमानित लागत लाखों में	धरोहर राशि रु०	निविदा शुल्क रु०	कार्य अवधि	निविदा तिथि
१.	कार्यालय भवन का निर्माण	४.००	८,०००	५०	६ माह	१.२.८४
२.	प्रबन्धक आवासगृह एक	१.३०	२,६००	३५	"	"
३.	सहायक परियोजना अधि० आवासगृह दो	१.२०	२,४००	३५	"	"
४.	चतुर्थ श्रेणी कर्मचारी आवासगृह दो	०.८०	१,६००	२५	"	"
५.	गेरेज व गोदाम	१.००	२,०००	२५	"	"
६.	आन्तरिक सड़क	२.००	४,०००	३५	३ माह	"

नोट : १. काट-छाँट व बिना हस्ताक्षर की निविदाएँ अस्वीकृत समझी जाएँगी।

२. कार्य की मात्रा घटाई अथवा बढ़ाई जा सकती है।

३. निविदाकर्ता द्वारा दी गई किसी प्रकार की शर्त मान्य नहीं होगी।

४. सीमेन्ट तथा बिटुमन संघ देने के लिए बाध्य नहीं है, उपलब्ध होने

पर हो दिया जा सकेगा। अन्यथा ठेकेदार स्वयं प्रबन्ध करेगा।

५. कार्यालय आदेश देने के बाद १० दिन के अन्दर कार्य शुरू करना होगा।

सी-२०४ परियोजना अधिकारी

कार्यालय अधिशासी अभियन्ता,
खारा परियोजना निर्माण
खण्ड-प्रथम,
बादशाही बाग (सहारनपुर)
निविदा सूचना सं० ४/८४-८५

राज्यपाल, उत्तर प्रदेश की ओर से अधोहस्ताक्षरकर्ता द्वारा निम्न कार्य हेतु मोहरबन्द निविदा दिनांक १६-५-८४ को ३-०० बजे अपराह्न तक आमंत्रित की जाती हैं, जो उसी दिन ३-३० बजे अपराह्न में अधोहस्ताक्षरकर्ता अथवा उसके अधिकृत प्रतिनिधि द्वारा उपस्थित निविदादाताओं अथवा उनके अधिकृत प्रतिनिधियों के समक्ष खोली जाएँगी। प्रत्येक निविदा प्रपत्र के साथ धरोहर धनराशि जो डाकघर की बचत पास बुक, राष्ट्रीय बचत पत्र, काल डिपोजिट रसीद अथवा एफ० डी० आर० के रूप में, जो अधिशासी अभियन्ता, खारा परियोजना निर्माण खण्ड-प्रथम, बादशाही बाग (सहारनपुर) के नाम बन्धक होगी, संलग्न होनी चाहिए। बिना धरोहर राशि के कोई भी निविदा मान्य नहीं होगी। अधोहस्ताक्षरकर्ता को यह अधिकार सुरक्षित होगा कि वह किसी भी निविदा अथवा समस्त निविदाओं को अस्वीकार कर सकते हैं।

कार्य का नाम : खारा टेलरेस चैनल के किमी. १.३२ से १.९९ तक बोल्डर पिचिंग का कार्य।

धरोहर राशि रु० में : २६,०००.००

निविदा प्रपत्र का मूल्य रुपए में १००.००

कार्य पूर्ण होने का समय : १२ माह (बारह माह)

नोट : डाक द्वारा निविदा मँगाने पर रु० १०/- (दस रुपए) अतिरिक्त धन देना होगा।

डाक द्वारा निविदा प्रपत्र मिलने में विलम्ब का उत्तरदायित्व इस कार्यालय का नहीं होगा। निविदादाता निविदा देने से पूर्व कार्यस्थल का निरीक्षण कर लें।

२. खाली निविदा प्रपत्र, मूल्य जमा करने पर, जो वापस नहीं होगा, किसी भी कार्य दिवस में इस कार्यालय से प्राप्त किए जा सकते हैं। निविदा प्रपत्र का विक्रय दिनांक १६-५-८४ के [illegible] बजे अपराह्न तक किया जाएगा।

३. निविदा प्रपत्र के साथ पांच रुपए का स्टाम्प पेपर संलग्न करना अनिवार्य है।

(भीमसैन)
अधिशासी अभियन्ता
D-२६७२१

(१९) तार (Telegram)

शासकीय कार्यालयों या विभागों में जब कोई सन्देश तत्क्षण कार्यवाही के लिए भेजना होता है अथवा जब शासकीय पत्र एवं तत्सम्बन्धी अनुस्मारक पत्रों (तीन-तीन पत्रों) या अर्द्ध शासकीय पत्र का कोई उत्तर प्राप्त नहीं होता है, तब तार का प्रयोग किया जाता है। 'तार' का प्रयोग किसी विषय अथवा समस्या की गम्भीरता तथा तत्क्षण कार्य सम्पादन के ज्ञापन के लिए किया जाता है।

तार का कलेवर अत्यन्त संक्षिप्त किन्तु सटीक एवं स्पष्ट होना चाहिए। अतएव शब्दचयन करते समय इस बात का ध्यान रखना आवश्यक है कि संक्षिप्तता के साथ-साथ स्पष्टता बनी रहे।

तार के प्रकार सामान्यतः निम्नलिखित हैं—

१. स्पष्ट भाषा तार (Enclair Telegram)
२. कूट भाषा तार (Code Telegram)
३. सामान्य तार (Ordinary Telegram)
४. द्रुतगामी तार (Express Telegram)
५. उच्च प्राथमिकता तार (Top Priority Telegram)
६. बधाई तार (Greeting Telegram)

स्पष्ट भाषा तार की भाषा स्पष्ट होती है और ये किसी भी कार्यालय द्वारा डाक के निर्दिष्ट पते पर भेजे जाते हैं। कूट भाषा तार के माध्यम से गोपनीय समाचार भेजे जाते हैं तथा गोपनीयता तथा सार्वजनिक हित का ध्यान रखते हुए कूट शब्दों (Code words) में ही भेजे जाते हैं। इस प्रकार के तार विदेश मंत्रालय के केन्द्रीय बीजांक कार्यालय द्वारा भेजे जाते हैं तथा इन्हें भेजते समय विदेश मंत्रालय द्वारा निर्धारित अनुदेशों का पालन करना जरूरी होता है। सामान्य कोटि के तार सामान्य कार्य-व्यवहार के लिए तथा द्रुतगामी तार शीघ्रातिशीघ्र उत्तर प्राप्ति के लिए प्रयोग में लिए जाते हैं। उच्च प्राथमिकता तार भी कभी-कभी कार्यालय की विशिष्ट कार्य वरीयता के स्तर पर प्रयोग किए जाते हैं। सरकारी प्रेस रिलीज या आकाशवाणी के लिए 'प्रेस टेलीग्राम' इसी कोटि में आते हैं। बधाई तार मूलतः कार्यालय के कार्य-व्यवहार के अन्तर्गत नहीं आता।

इसके अतिरिक्त शासकीय तारों की प्राथमिकता भी निम्नलिखित रूप में निर्धारित है—

(अ) जीवन रक्षा हेतु संकट सन्देश (S.O.S.)

(आ) अति तात्कालिक (Most Immediate)

(इ) सैन्य तात्कालिक (Operation Immediate)

(ई) तात्कालिक (Immediate)

(उ) आवश्यक (Important)

रिलेशन्स = जनसम्पर्क निदेशालय, इन्फारमेशन = सूचना निदेशालय, युगवार्ता = आल इण्डिया रेडियो आदि कभी-कभी कुछ व्यावसायिक संस्थान भी अपने संक्षिप्त नाम पंजीयत करा लेते हैं। यथा—रिलैक्स, प्रसादसंस, आरकौन (ARCON), विश्वविद्यालय, नागरी, कल्पतरु, आदि उक्त नाम लिखकर, स्थान का नाम लिखते हैं, पिनकोड भी लिखा जाना चाहिए। पिनकोड निर्मूल्य रहता है। पता लिखकर रेखा खींची जाती है।

मूल्य कथ्य अत्यन्त संक्षिप्त, परन्तु पूरे सन्दर्भ सहित लिखा जाता है।

हिन्दी में तार करते समय विभक्तियों एवं सहायक क्रियाओं को मिलाकर लिखा जाता है तथा उन्हें एक शब्द गिना जाता है। यथा—

'कमलेश	कल	प्रातः	पहुंचरहीहै' अथवा
१	२	३	४

समसंख्यक	पत्र	दिनांकित	सत्ताईस	जून	केउत्तरमें	राममोहनको
१	२	३	४	५	६	७

तुरतप्रभावसे	मुख्यालयमें	स्थानान्तरितकियाजाताहै
८	९	१०

मूल कथ्य समाप्त होने के बाद दाईं ओर प्रेषक अधिकारी का पदनामोल्लेख किया जाता है तथा उसके नीचे बाएं से दाएं रेखा खींच दी जाती है।

रेखा के नीचे 'तार में सम्मिलित नहीं किया ज़ाए' का वाक्यांश लिखकर 'डेश' लगाकर तार प्रेषण का कार्यालय का पत्रांक व दिनांक लिखा जाता है।

प्रेषण अधिकारी के हस्ताक्षर के नीचे कोष्ठक में अधिकारी का नाम, उसके नीचे पदनाम एवं कार्यालय का पूरा पता लिखा जाता है।

तार की पुष्टि के लिए प्रारूप की तीन प्रतियाँ टंकित कराके एक प्रति डाक द्वारा मूल रूप से 'प्रेषिती' को भेज दी जाती है।

उदाहरण—

तार सरकारी तुरत/मामूली

सहकारिता
जयपुर—३०२००४
संख्या ३६७२ दिनांकित सात जून तारांकित प्रश्न (विराम)
उत्तर भेजदियागयाहै (विराम)

उपरजिस्ट्रार

तार में सम्मिलित न किया जाए
संख्या सविरा/१२(२०) क/८३ दिनांक...............

(ह०)...................

(गोविंद कान्त शर्मा)
उपरजिस्ट्रार
सहकारी समितिया
उदयपुर खण्ड, उदयपुर

(२०) तारपुष्टि पत्र (Confirmation Letter of Telegram)

शासकीय कार्यालय द्वारा अपने अधीनस्थ या उच्चाधिकारी को दिए गए तार की पुष्टि के प्रमाणस्वरूप तार के तैयार प्रारूप की एक टंकित प्रति डाक से प्रेषिती के नाम, पदनाम तथा पूरे पते के उल्लेख के साथ भेजा जाना आवश्यक होता है।

प्रारूपकार को तार के मूल प्रारूप को तैयार करते समय ही सारी अर्हताएँ पूरी करनी होती हैं ही, अन्त में अधिकारी के हस्ताक्षर से पूर्व लिखना होता है—'तार की प्रति पुष्टि के प्रमाण हेतु सामान्य डाक से प्रेषित कर तुरन्त कार्यवाही अपेक्षित है।' इसके उपरान्त प्रेषिती का पूरा नाम, पदनाम, कार्यालय का पता निर्दिष्ट किया जाता है।

उदाहरण—

तार सरकारी मामूली

............(प्रेषिती)
............(मूल पता)
............(स्थान)

............(विराम)

............प्रेषक

तार में सम्मिलित नहीं किया जाए—
संख्या............ दिनांक............

तार की प्रति पुष्टि के प्रमाण हेतु सामान्य डाक से प्रेषित कर तुरन्त कार्यवाही अपेक्षित है।

(ह०)............
नाम ....
पदनाम ....

श्री............(प्रेषिती)
............(पदनाम)
............(कार्यालय का पूरा पता)
............(स्थान पिनकोड)

(२१) मितव्यय पत्र (Savingram)

शासकीय कार्यालयों में किसी अधीनस्थ कार्यालय या इकाई अथवा मुख्यालय से किसी कार्यवाही की शीघ्रता की अपेक्षा करके तारघर से न भेजकर मितव्ययता करते हुए 'तार' तैयार करके डाक से भेज दिया जाता है। लेकिन ऐसा ही मितव्यय पत्र कभी-कभी विदेशी राष्ट्रों में स्थित दूतावासों के लिए कूट भाषा में सामान्य कूटनीतिक थैलों के माध्यम से भेजे जाते हैं तथा उनके प्रारूप तैयार करते समय प्रारूपकार सबसे ऊपर 'मितव्यय पत्र' का उल्लेख करता है। शेष रूप 'तार' के समान ही रहता है।

(२२) द्रुत पत्र (Express Letter)

जब सरकारी समाचार, सन्देश, सूचना, निर्णय आदि बहुत शीघ्र ही भेजे जाने होते हैं तो दुत पत्र का प्रयोग किया जाता है। पत्र का प्रारूप तैयार करते समय सबसे ऊपर द्रुत पत्र (Express Letter) लिख दिया जाता है, शेष प्रारूप शासकीय पत्रों, ज्ञापनों, आदेशों आदि का तदनुरूप ही रहता है। पत्र के लिफाफे के ऊपर पता लिखने से पहले ही तुरत या द्रुत पत्र (Express Letter) लिखा जाता है। डाक-तार विभाग पहले अतिरिक्त शुल्क लेकर ऐसे द्रुत पत्रों के वितरण में प्राथमिकता देकर 'तार' की भाँति ही वितरण करता था। लेकिन डाक-तार विभाग ने अब इस प्राथमिकता से वितरण सेवा समाप्त कर दी है।

(२३) रेडियोग्राम (Radiogram)

रेडियोग्राम तुरत कार्यवाही के लिए तार की श्रेणी के ही शासकीय पत्र-व्यवहार का एक रूप है जिसमें मंत्रालय अपने अधीनस्थ विभागों या कार्यालयों को अविलम्ब कार्यवाही करने हेतु किसी भी समय प्रयोग में लाता है। मंत्रालय बेतार के तार जिला मुख्यालयों तथा पुलिस थानों पर आवश्यक सन्देश प्रेषित कर देता

है और सम्बन्धित प्रभारी उसे अपने यहाँ रिकार्ड कर जिस अधिकारी, कार्यालय अथवा विभाग को उक्त समाचार या पत्र को भेजा जाना आवश्यक होता है, विशेष सन्देशवाहक से लिखित रूप में या तुरंत दूरभाष से अवगत करा देता है।

रेडियोग्राम तैयार करते समय सबसे पहले रेडियोग्राम भेजने के स्थान का कोड सहित उल्लेख किया जाता है तथा उसके साथ ही रेडियोग्राम का कोड नम्बर भी अंकित किया जाता है। फिर दूसरी पंक्ति में प्रेषिती का पदनाम तथा स्थान और तीसरी पंक्ति में प्रेषक का पदनाम लिखा जाता है। चौथी पंक्ति में रेडियोग्राम का क्रमांक और दिनांक रहता है। उसके पश्चात् मूल सन्देश लिखा जाता है।

उदाहरण—

रेडियोग्राम

कखग लखनऊ से नैनीताल (कोड) एन आर ३४७ सी आर २७०

प्रेषिती—कुलपति कुमाऊँ विश्वविद्यालय

प्रेषक—सचिव, उत्तर प्रदेश शासन, शिक्षा विभाग

क्रमांक ३९९४/एक्स वी/१५/८४ २७/८ यू एन सी

यह सूचना मिली है कि उत्तर प्रदेश आवासीय विश्वविद्यालय शिक्षक संघ के संकेत पर अपनी मांगें मनवाने के लिए आवासीय विश्वविद्यालय के शिक्षक अनिश्चित काल के लिए हड़ताल पर हैं। यह भी सूचना मिली है कि शिक्षकों ने वैतनिक एवं अन्य प्रकाशकीय कार्यों से भी त्यागपत्र दे दिए हैं। अपने विश्वविद्यालय के शिक्षकों द्वारा की गई हड़ताल के सम्बन्ध में पूरा विवरण भेजिए।···

उक्त सूचना विशेष सन्देशवाहक के हाथ तुरन्त सरकार को उपलब्ध कराएँ।

(२४) प्राप्ति स्वीकृति/पावती पत्र (Acknowledgement Letter)

शासकीय पत्रों का औपचारिक एवं संक्षिप्त उत्तरात्मक पत्र होता है। प्रधानमंत्री, मुख्यमंत्री एवं मुख्य निदेशालयों तथा कार्यालयों के नाम अनेक अधिकारियों एवं कार्यालय के कार्य-व्यवहार के विरुद्ध शिकायतें आती हैं, पर इनमें सम्बोधित किए गए अधिकारी के पास इतना समय ही नहीं होता कि उन पर ध्यान दे सकें। केवल गोपनीय या कुछ विशेष पत्रों को सम्बन्धित अधिकारी के समक्ष रखा जाता है, अन्य पत्रों, शिकायतों आदि को सम्बन्धित अधिकारियों, विभागों एवं कार्यालयों को भेज दिया जाता है, परन्तु पत्र-प्रेषक के सन्तोष के लिए मंत्रालय या मुख्यालय या निदेशालय द्वारा एक पूर्वमुद्रित प्राप्ति स्वीकृति पत्र में दिनांक भरकर इस सम्बन्ध में अधिकृत अधिकारी (निजी सचिव/कार्यालय अधीक्षक)

या प्रभागाधिकारी के हस्तांक्षर से प्रेषक को भेज दिया जाता है।

उदाहरण—

प्रधानमंत्री
भारत सरकार
सफदरजंग,
नई दिल्ली—११०००१

श्री ....
....

प्रिय महोदय/महोदया,

आपका पत्र दिनांक————प्रधानमंत्रीजी को मिल गया है। उस पर उचित कार्यवाही की जा रही है।

भवदीय
....
निजी सचिव/सहायक
प्रधानमंत्री का निजी सचिवालय

(२५) विज्ञापन (Advertisement)

केन्द्रीय या प्रान्तीय शासन या सरकार अपनी योजनाओं के प्रचार-प्रसार के लिए जहाँ प्रेस विज्ञप्ति या सूचनाएँ निर्गत करती हैं; वहीं कार्यक्रमों, नियुक्तियों अथवा सार्वजनिक क्षेत्र के उत्पादों के व्यापक प्रचार हेतु विज्ञापन का आश्रय भी लेती है क्योंकि विज्ञापन सम्प्रेषण का सर्वोत्तम माध्यम होता है तथा अन्य प्रारूपों की अपेक्षा जनता तक शीघ्रातिशीघ्र पहुँचता है।

विज्ञापन को निम्नलिखित रूप में वर्गीकृत किया जा सकता है—

(i) नियुक्ति विज्ञापन (Appointments Advt.)
(ii) सामान्य विज्ञापन (Ordinary Advt.)
(iii) वर्गीकृत विज्ञापन (Classified Advt.)
(iv) संक्षिप्त विज्ञापन (Short Advt.)
(v) पैनल विज्ञापन (Panel Advt.)
(vi) डिसप्ले विज्ञापन (Display Advt.)
(vii) पोस्टर विज्ञापन (Poster Advt.)
(viii) दीवार विज्ञापन (Wall Advt.)

शासकीय विज्ञापन प्रायः नियुक्ति, सामान्य प्रचार, संक्षिप्त, डिसप्ले, पोस्टर, दीवार पैनल आदि में वर्गीकृत रहते हैं। केन्द्रीय सरकार के विज्ञापन दृश्य एवं

प्रचार निदेशालय (D.A.V.P.) द्वारा तथा प्रान्तीय स्तर पर सूचना या जन-सम्पर्क या लोकसम्पर्क निदेशालय या विभाग द्वारा निर्गत किए जाते हैं। शासकीय उपक्रम (undertakings) के भी विज्ञापन शासकीय तंत्र के अनुसार ही विज्ञापित किए जाते हैं।

विज्ञापन के माध्यमों के प्रकार

विज्ञापन के अनेक माध्यम हैं, उनमें से कुछ निम्नलिखित हैं—

(अ) प्रेस विज्ञापन (आ) बाह्य विज्ञापन (इ) डाक विज्ञापन

(ई) मनोरंजन विज्ञापन (उ) क्रयबिन्दु विज्ञापन (ऊ) विविध विज्ञापन—

(i) रेडियो (ii) टेलीविजन (iii) सिनेमा (iv) नाटक

(v) संगीत (vi) प्रदर्शनी (vii) केटलॉग (viii) पुस्तिकाएँ

(ix) फोल्डर (x) ब्रॉचर्स (xi) हैण्डबिल (xii) पोस्टर्स

जीवन के प्रत्येक क्षेत्र में विज्ञापन का विशेष महत्त्व है। वह मात्र व्यवसायी के लिए ही नहीं, अपितु जीवन के प्रत्येक क्षेत्र में भी उपयोगी है। राजकीय या प्रशासकीय कार्यों में भी विज्ञापन का विशेष महत्त्व है। देश की आर्थिक एवं सामाजिक प्रगति, सरकार या प्रशासन द्वारा जनता के लिए की गई कार्यव्यवस्था उपलब्ध कराना, नयी योजनाओं के प्रचार-प्रसार आदि के लिए विज्ञापन का माध्यम श्रेष्ठ है।

विज्ञापन की सामग्री के साथ शासन या विभाग या निदेशालय द्वारा सहपत्र (Covering Letter) भी भेजा जाता है जिसमें प्रकाशित करने की अवधि के साथ विज्ञापन-दरों तथा विभागीय भुगतान सम्बन्धी आवश्यक निर्देश भी लिखे होते हैं।

शासकीय विज्ञापनों में विज्ञापन की भाषा व्यावसायिक संस्थानों की भाषा के अनुरूप न होकर संयत एवं शिष्ट तथा सोद्देश्य होती है। व्यावसायिक संस्थानों के विज्ञापनों की भाषा अपने उत्पाद की विक्रय-वृद्धि के उद्देश्य से चमत्कारिक रखी जाती है।

उदाहरण-१

स्वाधीनता दिवस के पुनीत पर्व पर

कानपुर विकास प्राधिकरण

महानगर के नागरिकों का अभिनन्दन करता है

—तथा—

उनकी सेवा में सतत् प्रयत्नशील

महानगर के त्वरित विकास में आपका सहयोग अपेक्षित है :

आर० डी० पाठक — रोशनलाल आई० ए० एस०

सचिव — उपाध्यक्ष

जनसम्पर्क विभाग कानपुर विकास प्राधिकरण द्वारा प्रसारित

उदाहरण-२

आवश्यकता है

पंजाब सहकारी डेयरी का उत्पादन 'अम्बर' शुद्ध घी के वितरण के लिए बड़े शहर एवं जिलेवार वितरक नियुक्त करने हैं। आर्थिक स्थिति से सुदृढ़ व्यापारी ३१-४-८४ से पहले पत्रव्यवहार करें।

ब्रांच आफिस

दी पंजाब स्टेट को० मिल्क प्रोड्यूसर्स फैडरेशन लि०

C/O फेअर ट्रेड ऐजेन्सीज

D/३५, पत्रकार कालोनी, जवाहर नगर पुलिया नं० १, जयपुर

फोन : ४०७२६

उदाहरण—३

पर्वतीय क्षेत्र की पालीटेकनिकों की प्रवेश सूचना

संस्था का नाम	कार्मशियल प्रैक्टिस	फार्मेसी	स्टेनोग्राफी एवं सेक्रेटेरियल प्रैक्टिस
१. राजकीय पालीटेकनिक उत्तरकाशी—		४०	३०
२. राजकीय पालीटेकनिक द्वाराहाट (अल्मोड़ा)—		४०	३०
३. राजकीय पालीटेकनिक लोहाघाट (पिथौरागढ़)—		—	३०
४. राजकीय पालीटेकनिक श्रीनगर (गढ़वाल)—		४०	—
५. राजकीय पालीटेकनिक देहरादून—		४०	—
६. राजकीय पालीटेकनिक गोचर (चमोली)—		४०	—

(१) स्टैनोग्राफी एवं सेक्रेटेरियल प्रैक्टिस पाठ्यक्रम केवल महिलाओं के लिए

है, परन्तु महिला अभ्यर्थी के पर्याप्त मात्रा में उपलब्ध न होने की दशा में पुरुष अभ्यर्थियों को प्रवेश दिया जा सकेगा।

(२) स्टेनोग्राफी एवं सेक्रेटेरियल प्रैक्टिस के लिए अभ्यर्थी को इन्टरमीडियट परीक्षा हिन्दी तथा अँग्रेजी विषयों के साथ उत्तीर्ण होना अनिवार्य होगा।

(३) फार्मेसी पाठ्यक्रम में प्रवेश निमित्त अभ्यर्थी को विज्ञान तथा गणित से तथा जीवविज्ञान विषयों के साथ हाई स्कूल परीक्षा उत्तीर्ण होना अनिवार्य है।

प्रवेश हेतु आयु सीमा

अभ्यर्थियों की आयु दिनांक ३० जून, १९८४ को कम से कम १४ वर्ष तथा अधिक से अधिक २२ वर्ष होनी चाहिए। अनुसूचित जाति/जनजाति के अभ्यर्थियों को प्रवेश हेतु निर्धारित आयु सीमा में ३ वर्ष की छूट प्रदान की जाएगी।

आरक्षित स्थान

अनुसूचित जाति के लिए १८ प्रतिशत स्थान, जनजाति के अभ्यर्थियों के लिए २ प्रतिशत तथा पिछड़े वर्ग के अभ्यर्थियों के लिए १५ प्रतिशत एवं स्वतंत्रता संग्राम सेनानी/सैनिक के पुत्रों तथा पुत्रियों के लिए ५ प्रतिशत स्थान सुरक्षित हैं। सीमा क्षेत्र के विद्यार्थियों तथा सीलोन एवं पूर्वी अफ्रीका से आए हुए शरणार्थियों के लिए भी स्थान सुरक्षित हैं। परन्तु उनको सम्बन्धित जिलाधिकारी द्वारा इस आशय का प्रमाण पत्र प्रस्तुत करना होगा। पर्वतीय क्षेत्रों के मूल निवासियों के लिए कुल प्रवेश क्षमता ३३-१/३ प्रतिशत सीटें आरक्षित हैं।

सामान्य :- प्रवेश हेतु निर्धारित आवेदन पत्र संबंधित प्रधानाचार्य के कार्यालय से जहाँ पर अभ्यर्थी प्रवेश चाहता है से रु० २/- नकद मूल्य जमा करके अथवा डाक द्वारा प्रवेश फार्म मँगवाने हेतु रु० २/- का पोस्टल आर्डर तथा १०×२३ से० मी० का स्वयं पता लिखा लिफाफा जिस पर साधारण डाक द्वारा मँगवाने के लिए ७५ पैसे का टिकट तथा रजिस्टर्ड डाक द्वारा मँगवाने हेतु रु० ३.५० पैसे अथवा वर्तमान पोस्टल दरों के आधार पर लिफाफा भेजना अनिवार्य होगा।

प्रवेश हेतु अन्तिम तिथि

संस्थाओं से प्रवेश फार्म प्राप्त करने तथा जमा करने की अन्तिम तिथि ५ जुलाई, १९८४ होगी।

उपनिदेशक प्राविधिक शिक्षा, उ० प्र०
(अमर उजाला से साभार)

व्यावसायिक पत्र : परिभाषा, अर्थ, महत्त्व एवं भेद

परिभाषा—"व्यावसायिक पत्र से आशय ऐसे पत्रों से है जो व्यक्ति और संस्थान अथवा दो व्यावसायिक संस्थानों के मध्य व्यवसाय से सम्बन्धित उद्देश्यों की पूर्ति के निमित्त लिखे जाते हैं।"

उक्त परिभाषा के अतिरिक्त कुछ अन्य परिभाषाएँ निम्नलिखित रूप में मिलती हैं—

— श्रेष्ठ व्यावसायिक पत्र संस्थान या लेखक का प्रतिनिधि होता है।

— व्यावसायिक पत्र की श्रेष्ठता में लेखक का व्यक्तित्व झलकता है।

— संस्थान की गरिमा और विशिष्टता उसके द्वारा प्रेषित पत्रों के माध्यम से जानी जा सकती है।

— किसी बिक्री के होने या न होने का निर्णय एक व्यावसायिक पत्र कर सकता है, वही किसी की शिकायत दूर कर सकता है, नये ग्राहक बना सकता है या पुराने ग्राहक भी तोड़ सकता है।

— व्यावसायिक पत्र-व्यवहार एक टंकित रूप में ही परस्पर वार्ता है।

— व्यावसायिक पत्र में निहित तर्कपूर्ण शैली पाठक में व्यवसाय के प्रति विश्वास उत्पन्न कर साख जमाती है।

— व्यावसायिक पत्र में सदैव ग्राहक या पत्र-प्राप्तकर्ता का दृष्टिकोण सर्वोपरि महत्त्व पाता है।

— व्यावसायिक पत्र संस्थान के ग्राहक के साथ गहरे मैत्री सम्बन्धों को प्रभावकारी बनाता है।

— व्यावसायिक पत्र लिखित विवरण रखकर व्यवसाय को प्रोत्साहित कर साख बढ़ाने का प्रमुख साधन है।

अर्थ—विभिन्न व्यवसायों के मध्य वाणिज्यिक कार्यों से सम्बन्धित पत्र-व्य-

वहार 'व्यावसायिक पत्र' के अन्तर्गत आता है जिनमें पारस्परिक व्यावसायिक मूल्यों, सुविधाओं, ग्राहक-विस्तार, उत्पादक और विक्रेता के सम्बन्धों, माल के उधार विषयक निश्चयों का उल्लेख रहता है।

व्यावसायिक पत्र व्यक्तिगत, पारिवारिक एवं कार्यालयीय पत्रों से भिन्न होते हैं। ये पत्र दो व्यावसायिक संस्थाओं या व्यावसायिक संस्था और ग्राहक, ग्राहक और संस्था, उत्पादक और विक्रेता के बीच लिखे जाते हैं।

क्षेत्र

व्यावसायिक पत्रों के क्षेत्र में वे सभी पत्र सम्मिलित किये जाते हैं, जो वाणिज्यिक मामलों से सम्बन्धित हों। इन वाणिज्यिक मामलों में व्यापारिक कार्यों के अतिरिक्त इसमें बैंक एवं बीमा विषयक सभी कार्य आते हैं। अतः व्यावसायिक पत्रों के क्षेत्र का उल्लेख निम्न प्रकार किया जा सकता है—

(१) भाव की पूछताछ, निर्ख व आदेश (२) व्यावसायिक सन्दर्भ एवं साख
(३) आदेशों की अस्वीकृति और निरसन (४) आदेशों की पुष्टि एवं पूर्ति
(५) शिकायत एवं समायोजन (६) तकादे या वसूली
(७) गश्ती, सिफारिश एवं अनुगमन (८) सार्वजनिक अधिकारी एवं कार्यालय
(९) बैंकिंग व बीमा (१०) एजेन्सी (११) विदेशी व्यापार

व्यावसायिक पत्रों का उद्देश्य

व्यावसायिक पत्र सदैव किसी न किसी उद्देश्य की पूर्ति के लिए लिखे जाते हैं अतः श्रेष्ठ व्यावसायिक पत्र वही होता है, जो विधिवत् रूप में निम्नलिखित उद्देश्यों की पूर्ति कर सकता है —

(१) वस्तुओं के विक्रय हेतु प्रोत्साहन
(२) ग्राहक सेवाओं का विस्तार एवं नये बाजार की खोज
(३) खोये ग्राहक की पुनः प्राप्ति एवं नये ग्राहकों से सम्पर्क
(४) विक्रय प्रतिनिधियों हेतु आवश्यक भूमिका की तैयारी
(५) व्यापारियों के लिए नवप्रेरणा
(६) साख का निर्माण
(७) अशोध्य ऋण की आसान वसूली
(८) शिकायतों का समायोजन
(९) नवीन विपणियों को खोज
(१०) व्यवसाय के प्रति अभिरुचि जगाना

यहां यह कहना अनिवार्य है कि किसी व्यापार की सफलता काफी सीमा तक पत्र-व्यवहार की कुशलता पर निर्भर करती है। यदि व्यापारिक पत्र निर्धा-

रित रूप में आकर्षक ढंग से लिखा गया है तो यह लिखने वाले के 'दूत' के रूप में कार्य करता है क्योंकि यह पत्र-व्यवहार व्यावसायिक सफलता का द्वार खोलता है, ग्राहकों से परिचय बढ़ाता है तथा अधिक से अधिक व्यवसाय दिलाने के साथ व्यावसायिक क्षेत्र में अपनी साख-वृद्धि करने में सहायक होता है।

व्यावसायिक पत्र-लेखन समय की बचत और लिखित रूप में व्यावसायिक वार्ताओं का लिखित प्रमाण का काम करके व्यावसायिक सम्प्रेषण के उद्देश्य पूरे करने में महत्त्वपूर्ण भूमिका अदा करता है।

व्यावसायिक पत्र का महत्त्व

वर्तमान औद्योगिक युग में व्यावसायिक पत्रों का महत्त्व बढ़ गया है। आज प्रत्येक क्षेत्र में उत्पादन-तकनीक की उन्नतावस्था के कारण उत्पादन-वृद्धि जिस मात्रा में बढ़ी है उसी अनुपात में व्यावसायिक पत्रों की महत्ता का भी विस्तार होता गया है।

व्यावसायिक पत्र का महत्त्व निम्नलिखित रूप में जाना जा सकता है—

(१) **प्रभावी व्यक्तिगत सम्पर्क**—व्यावसायिक क्षेत्रों में जो प्रभाव पत्र-व्यवहार से होता है, वह व्यक्तिगत सम्पर्क से कहीं अधिक होता है, क्योंकि पत्र के माध्यम से वे सारी बातें स्पष्ट कही जा सकती हैं जिन्हें व्यक्तिगत रूप से कहे जाने में संकोच रहता है।

(२) **श्रेष्ठ साक्ष्य**—व्यावसायिक क्षेत्रों में उत्पन्न न्यायिकवाद में लिखा हुआ पत्र न्यायालय में श्रेष्ठ साक्ष्य के रूप में प्रस्तुत किया जा सकता है।

(३) **प्रभावोत्पादक**—व्यावसायिक पत्र की भाषा व्यक्ति-भाषा से कहीं अधिक प्रभावशाली एवं लिखित रूप में प्रामाणिक होती है तथा पारस्परिक व्यावसायिक सम्बन्धों की वृद्धि में सहायक होती है।

(४) **पुष्टीकरण**—व्यावसायिक क्षेत्रों में अनेक बार फोन पर व्यावसायिक वार्ताएँ निश्चित हो जाती हैं, पर उनका कोई लिखित प्रमाण नहीं होता है। पर व्यावसायिक संस्थान फोन पर हुई वार्ता को पत्र के माध्यम से पुष्टि प्रदान करता है ताकि भविष्य में तत्सम्बन्धी भ्रम या विवाद उत्पन्न न हो। इसी प्रकार तार भेजने की दशा में भी पुष्टि हेतु पत्र ही भेजा जाता है।

(५) **समाधान**—व्यावसायिक क्षेत्र में अनेक मुद्दों पर उत्पन्न गहन एवं जटिल समस्याओं के सुलझाने का माध्यम व्यावसायिक पत्र लेखन ही होता है तो सक्षम तर्क से समाधान प्रस्तुत करने का सर्वोत्कृष्ट माध्यम होता है।

(६) **लम्बे पत्र**—व्यावसायिक संस्थान में समयाभाव और ग्राहकों की उपस्थिति में दीर्घवार्तालाप अनपेक्षित रहता है और उसके लिए समय का भी आभाव रहता है, पर पत्र लम्बा भी हो तो उससे व्यावसायिक संस्थान को उकताहट नहीं

होती, उपेक्षा तो कदापि सम्भव नहीं है। पर अधिकांशत: लम्बे पत्र व्यावसायिक क्षेत्रों में कम ही होते हैं।

(७) **कठोरता का व्यवहार**—किसी भी व्यावसायिक संस्थान में क्रेता-विक्रेता उत्पादक और ग्राहक के बीच व्यवहार में कठोरता व्यवसाय के प्रति आघात पैदा करती है। पर पत्र के माध्यम से किसी भी अनुरोध को अस्वीकार करने और इसके लिए कम से कम व्यावहारिक कठोरतम शब्द प्रयोग किये जाने में सुविधा रहती है।

(८) **अनेक सम्पर्क-सूत्रों की उपलब्धता**—व्यावसायिक क्षेत्रों में वार्ता एक समय में एक व्यक्ति से ही की जा सकती है, पर व्यावसायिक पत्रों के माध्यम से एक ही समय में अनेक ग्राहकों से सम्पर्क किया जा सकता है। गश्ती पत्र इसी प्रकार के सम्पर्क करने का सबसे बड़ा साधन है।

व्यावसायिक पत्र के मूल तत्त्व

व्यावसायिक पत्र-व्यवहार को प्रभावी बनाने के लिए निम्नलिखित बातों पर ध्यान देना आवश्यक है—

(१) दीर्घकालीन विनियोग
(२) लिखित अनुबन्धता
(३) व्यवसाय की गारण्टी
(४) आश्वासनों की वैधिक पूर्ति
(५) तात्कालिकता एवं संक्षिप्तता
(६) अवसरानुकूलता
(७) सुव्यवस्थितता एवं सुस्पष्टता
(८) उपयुक्त रंगों द्वारा ध्यानाकर्षण
(९) प्रभावी प्रारम्भ एवं अंत
(१०) सुन्दर और सुस्पष्ट वाक्य व्यवस्था

उक्त तत्वों के आधार पर व्यावसायिक पत्रों के निम्नलिखित कार्य स्पष्ट होते हैं—

व्यावसायिक पत्रों का कार्य

(१) लिखित विवरण
(२) व्यवसाय को प्रोत्साहन
(३) साख-निर्माण
(४) सम्पर्क की निकटता
(५) साक्ष्य-प्रमाणांकन
(६) कुशल तात्कालिक सेवा

(१) **लिखित विवरण**—किसी भी व्यक्ति की स्मरणशक्ति इतनी तीव्र नहीं हो सकती कि वर्तमान जीवन की जटिलताओं में वह प्रत्येक वस्तु या बात स्मरण रख सके। ऐसी स्थिति में व्यावसायिक क्षेत्र में प्राप्त पत्रों के उत्तर क्या दिये गये हैं, यह स्मरण रख पाना नितान्त कठिन है। पत्र-व्यवहार करते समय व्यावसायिक संस्थान पत्रों की प्रतिलिपि या कार्बन कापी सँभालकर रख ली जाती है जो भविष्य में पत्र पाने वाले और भेजने वाले के मध्य हुए करार अथवा अनुबन्धों का भविष्य के लिए लिखित विवरण सिद्ध होता है। इससे भविष्य में मतभेद की स्थिति आने पर मतभेद सुलझाने में सहायता मिलती है।

(२) **व्यवसाय का प्रोत्साहन**—उत्पादकों के समक्ष यह कठिनाई होती है कि अपने उत्पाद के विवरण की कैसे व्यवस्था करें, अतः पत्र-व्यवहार द्वारा ही व्यवसाय में उत्पादन, प्रबन्धन से लेकर वितरण तक की कार्यवाही की जाती है तथा विक्रय को प्रोत्साहन दिलाया जा सकता है। पत्र ही वे माध्यम हैं जो सम्भावित ग्राहकों से सम्पर्क जुटाते हैं, उत्पाद से उन्हें परिचित कराते हैं तथा उत्पाद विषयक माँग पैदा करते हैं। इस प्रकार व्यावसायिक पत्र व्यवसाय को प्रोत्साहित करते हैं।

(३) **साख-निर्माण**—व्यावसायिक संस्थानों में एक-दूसरे के प्रति साख-निर्माण की दिशा में पत्र-व्यवहार का महत्त्वपूर्ण योग है क्योंकि पत्र ही व्यवसाय की साख जमाने का कार्य करते हैं। कभी-कभी विनम्रतापूर्वक इन्कार, ऋण-वसूली में कठोरता, उधार चुकाने के लिए तात्कालिक व्यवस्था कराने के लिए भी पत्र-व्यवहार की भूमिका महत्त्वपूर्ण है। किसी भी व्यवसाय की उक्त सभी क्षेत्रों में साख-निर्माण का कार्य पत्र-व्यवहार पर ही आधारित रहता है।

(४) **सम्पर्क की निकटता**—व्यावसायिक संस्थान अपने उत्पादन और वितरण के क्षेत्र में व्यस्त रहकर पत्रों के माध्यम से ही ग्राहकों से निकट सम्पर्क स्थापित करने में सफल रहते हैं। व्यावसायिक पत्रों का काम व्यावसायिक प्रतिनिधि बनकर दुनिया के कोने-कोने में अपने विपणियों एवं ग्राहकों की खोज करते हैं। इस प्रकार निकट सम्पर्क स्थापित करने में पत्र अत्यन्त सुगम साधन है। व्यावसायिक प्रतिनिधि पर व्यावसायिक संस्थान को अधिक व्यय करना होता है, पर पत्र-व्यवहार में अत्यन्त कम व्यय पर सम्पर्कों की निकटता अधिकतम प्राप्त की जाती है।

(५) **साक्ष्य-प्रमाणांकन**—व्यावसायिक संस्थानों में पत्र-व्यवहार परस्पर व्यवहार और आश्वासनों तथा अनुबन्धों का एक ऐसा लिखित साक्ष्य-प्रमाण होता है जो वैधिक स्वीकृति का स्वरूप लिए होता है। किसी भी संस्थान में व्यावसायिक क्षेत्र में किसी प्रकार का मतभेद उत्पन्न होने पर मामलों को सुलझाने में पत्र-व्यवहार साक्ष्य-प्रमाणांकन का कार्य करता है। जबकि टेलीफोन की वार्ता का कोई साक्ष्य न्यायालय में प्रस्तुत कर पाना कठिन होता है।

(६) **कुशल तात्कालिक सेवा**—व्यावसायिक संस्थान पत्रों के माध्यम से ही अपने ग्राहकों को कुशल एवं तात्कालिक सेवा प्रदान करने में सक्षम है। व्यावसायिक पत्र तात्कालिक रूप से अपने ग्राहकों को कुशल सेवा प्रदान कर उन्हें लम्बी प्रतीक्षा नहीं कराते हैं। कभी-कभी ये पत्र अपने स्थान के लिए बड़ी कुशलता से ग्राहकों को आश्वासन देकर भविष्य की सेवाओं का संयोजन भी करते हैं।

प्रभावी व्यावसायिक पत्र के गुण

किसी भी व्यावसायिक संस्थान की प्रतिष्ठा एवं गौरव व्यक्तिगत सेवा की तुलना में पत्र-व्यवहार द्वारा अधिक मात्रा में अर्जित किया जाता है। अतः उसके लिए आवश्यक है कि पत्र-लेखन के अतिरिक्त उसके बाह्य स्वरूप और विषय-सामग्री पर विशेष ध्यान दिया जाये।

श्रेष्ठ व्यावसायिक पत्रों के गुण निम्नलिखित होते हैं—

(अ) पत्र का बाह्य रूप

(आ) विषय सामग्री का रूप

(अ) **पत्र का बाह्य रूप**—व्यावसायिक पत्र के बाह्य रूप का आकर्षण सुन्दर होना चाहिए। इस बाह्य स्वरूप को निर्धारित करने वाले घटक निम्नलिखित हैं—

(i) **स्टेशनरी**—व्यावसायिक पत्रों में स्टेशनरी व्यावसायिक स्तर से मेल रखती हुई रखनी चाहिए। स्टेशनरी न तो अधिक कीमती होनी चाहिए और न निम्नकोटि की, पर साधारण से श्रेष्ठ तो होनी चाहिए। सामान्यतः बैंक पेपर ही व्यावसायिक पत्रों में काम लिया जाता है। प्रतिलिपियों के लिए साधारण या राइस पेपर भी काम में लिया जाता है।

(ii) **कागज का रंग**—सामान्यतः व्यावसायिक पत्रों में सफेद कागज प्रयोग किया जाता है, पर कभी-कभी संस्थान अपनी विशिष्ट पहचान हेतु किसी रंग विशिष्ट के कागज का ही प्रयोग करते हैं। ऐसे रंग बहुत गहरे होना उचित नहीं है और व्यवसाय का नामालंकरण ऐसी स्याही में मुद्रित किया जाना चाहिए जो पूरी तरह स्पष्ट होता हो।

(iii) **कागज का साइज**—व्यावसायिक पत्रों के लैटर हैड के विभिन्न आकार मिलते हैं। सामान्यतः इसके लिए कोई नियम नहीं है, वह व्यापारिक आवश्यकताओं के अनुरूप होता है। फिर भी निम्नलिखित साइज प्रचलित हैं—

(क) ११$\frac{1}{4}$ इंच × ८$\frac{3}{4}$ इंच

(ख) १० इंच × ८ इंच

(ग) ८$\frac{1}{2}$ इंच × ६ इंच

(घ) ८$\frac{1}{2}$ इंच × ५$\frac{1}{2}$ इंच

(vi) **लिफाफा**—व्यावसायिक संस्थान प्रायः आयताकार लिफाफे ही प्रयोग

करते हैं। फिर लैटर हैड के उपयुक्त साइज के अलग-अलग लिफाफे भी प्रयोग किये जाते हैं। कुछ संस्थान लिफाफे के भी विभिन्न रंग चुनते हैं। इन लिफाफों पर बायें कोने में नीचे प्रेषक का नाम व पता छपा रहता है। कभी-कभी यह पता अमेरिकन पत्र-व्यवहार के ढंग पर बायीं ओर सबसे ऊपर के कोने में भी मुद्रित रहता है।

(v) **रूप-सज्जा**—व्यावसायिक संस्थानों में प्राय: टंकित रूप में पत्र-व्यवहार किया जाता है। टंकण कार्य सभी ओर पर्याप्त स्थान छोड़कर तथा डबल स्पेस में किया जाना चाहिए। रंगीन लैटर हैड के साथ ऐसे टाइप रिबन का प्रयोग करना चाहिए जो टंकित पत्र को स्पष्ट उभार सके। पत्र में बायीं ओर कम से कम दो इंच का तथा दायीं ओर आधा इंच हाशिया या मार्जिन छोड़ देना चाहिए।

(vi) **लिखने का ढंग**—व्यावसायिक पत्र-लेखन में प्राय: दो ढंग अपनाये जाते हैं— (i) इंगलिश, (ii) अमेरिकन। इंगलिश ढंग के अनुसार अनुच्छेद का आरम्भ ढाई इंच छोड़कर किया जाता है, पर अमेरिकन ढंग में प्रत्येक अनुच्छेद हाशिये से ही तिहरा स्पेस देकर शुरू किया जाता है। यही नहीं, पत्र की समाप्ति पर अमेरिकन ढंग में स्वनिर्देश, हस्ताक्षर का स्थान तथा पद नाम आदि का उल्लेख भी बायीं ओर किया जाता है।

(vii) **मुद्रांकन**—पत्र डाक में डालने से पूर्व उचित मुद्रांकन किये जाना आवश्यक होता है। अत: उनका भार किये जाने के पश्चात् अनुकूल पोस्टेज टिकट लगाने चाहिए। बड़े-बड़े व्यावसायिक संस्थानों में फ्रैंकिंग मशीन द्वारा मुद्रांकन किया जाता है, अत: उन्हें पत्रों पर पोस्टेज स्टाम्प्स लगाने की आवश्यकता नहीं होती है।

(आ) **विषय-सामग्री का रूप**—प्रभावी व्यावसायिक पत्र की विषय-सामग्री सम्बन्धी गुण या लक्षण निम्नलिखित हैं—

(i) **पूर्णता**—पत्र में सभी आवश्यक बातों का समावेश होना चाहिए। कोई ऐसी बात लिखने से छूटनी नहीं चाहिए जिसके पूछने के लिए पुन: अनावश्यक व्यय और समय लगे। पत्र लिखने पर उसे पूर्णत: पढ़कर इस बात का विश्वास कर लेना चाहिए कि वह अपने आपमें पूर्ण है।

(ii) **नम्रता**—व्यावसायिक पत्र में ऐसी भाषा का प्रयोग किया जाना चाहिए जो नम्रता-युक्त हो। नम्रतापूर्ण भाषा ही संस्थान के प्रति विश्वास एवं सहानुभूति दिलाती है। व्यावसायिक संस्थानों में इस नम्रता का परिचय पत्र-व्यवहार में शिष्ट भाषा एवं शीघ्र उत्तर देने से स्वत: प्रकट हो जाता है। शिकायत तथा भुगतान में विलम्ब सम्बन्धी पत्रों का उत्तर भी अत्यन्त नम्रता से दिया जाना उचित है।

(iii) **शुद्धता**—जो कुछ लिखा जाये वह भाषा की दृष्टि से पूर्णरूप से शुद्ध होना आवश्यक है क्योंकि बिल, प्रोनोट, हुण्डी, बीजक, खाता-विवरण आदि

महत्त्वपूर्ण प्रलेखों को अति सावधानी से शुद्ध रूप में तैयार करना ही व्यावसायिक संस्थान की साख-निर्माण करते हैं।

(iv) **तथात्मकता**—व्यावसायिक पत्रों में कोई भी बात असत्य और भ्रामक नहीं होनी चाहिए। इसके लिए आवश्यक है कि पत्र में यथा वांछित सारी सूचनाएँ सही और तथ्यपरक दी जानी चाहिए क्योंकि व्यवसाय की सफलता में तथ्यों का सही होना या तथ्यपरक होना आवश्यक है।

(v) **स्पष्टता**—व्यावसायिक पत्र की भाषा बहुत स्पष्ट होनी चाहिए ताकि जो कहना चाहते हैं उसका आशय सही रूप में ही पत्र प्राप्त करने वाले की समझ में आ जाये। इसके लिए ऐसे शब्दों, वाक्यों या वाक्यांशों के प्रयोग से सदैव बचना चाहिए जो द्विअर्थक हों या भ्रम उत्पन्न कर सकते हों। पत्र की भाषा इतनी स्पष्ट होनी चाहिए कि सामान्य बुद्धि का व्यक्ति भी पत्र का आशय स्पष्ट रूप में समझ ले।

(vi) **एकरूपता**—व्यावसायिक पत्र प्रायः टंकित होते हैं। अतः उसमें यह सावधानी रखी जानी चाहिए कि टंकित पत्र आरम्भ से ही एकरूपता ग्रहण करे जिससे प्राप्तकर्ता का ध्यान स्वतः उसके प्रति आकर्षित हो। हस्तलिखित पत्रों में भी अनुच्छेद बनाने तथा पंक्तियों में समान दूरी रहनी चाहिए तभी एकरूपता आ सकती है।

(vii) **संक्षिप्तता**—व्यावसायिक पत्रों का व्यवहार व्यवसायियों के बीच होता है और उनके पास इतना समय नहीं होता कि पत्र के विस्तार को पढ़ सकें और अपने काम की व्यस्तता छोड़ दें। अतः व्यावसायिक पत्र संक्षिप्त ही होने चाहिए तथा अपने मूल मन्तव्य को सीधे ही स्पष्ट करते हों। इस संक्षिप्त रूप में भी शिष्टाचार की पालना भी आवश्यक है।

(viii) **प्रभावपूर्णता**—पत्र की भाषा एवं शब्द चयन ऐसा प्रभावपूर्ण होना चाहिए कि प्राप्तकर्ता पर प्रभाव डाल सके। उसमें ऐसी तर्क शैली भी अपनानी चाहिए कि जो पाठक को उसी दिशा में सोचने के लिए बाध्य कर सके।

(ix) **सरलता**—व्यावसायिक पत्रों की भाषा अत्यन्त सरल एवं सुबोध होनी चाहिए। साहित्यिक भाषा, अत्यन्त मुहावरेदार तथा उच्चकोटि की नहीं होनी चाहिए। सरल भाषा ही पत्र का आशय सहज ढंग से स्पष्ट करती है।

(x) **चातुर्ययुक्त**—व्यावसायिक पत्र में 'चातुर्य' रखा जाना अत्यावश्यक है जो विचार की स्पष्टता, शुद्धता, सरलता और नम्रता के सामूहिक गुणों से ही सम्पन्न होती है, बात को बढ़ा-चढ़ाकर कहने से व्यावसायिक पत्रों में चातुर्य का कोई अर्थ नहीं है, वह स्थिति भ्रमोत्पादक ही हो सकती है।

(xi) **सन्तुष्टता**—पत्र में निहित सामग्री और भाषा इस प्रकार होनी चाहिए कि पत्र पढ़ते ही पाठक उसमें व्यक्त तर्कों से संतुष्ट हो जाए और अपनी शंका या

प्रश्न का समाधान पा सके। यह व्यावसायिक सफलता के लिए अत्यधिक महत्त्वपूर्ण है।

(xii) **उपयुक्तता**—व्यावसायिक पत्र को आकर्षक और सरल बनाने के लिए उपयुक्त योजना बनाकर ही लिखना आरम्भ करना चाहिए अतः यह कहा जा सकता है कि व्यावसायिक पत्र-लेखन की उपयुक्त योजना निम्नलिखित बिन्दुओं पर आधारित रहती है—

(अ) उद्देश्य का ज्ञान
(आ) तथ्यों से परिचय
(इ) पाठकों का पूर्वानुमान
(ई) श्रेष्ठ ढंग से निवेदन
(उ) समन्वित प्रस्तुतीकरण

अच्छे व्यावसायिक पत्र-लेखक के गुण

एक अच्छे व्यावसायिक पत्र-लेखक के गुणों की चर्चा करते हुए संक्षेप में यह कहा जा सकता है कि किसी संस्थान में कार्यरत पत्र-लेखक में निम्नलिखित गुण होने चाहिए—

(१) पत्र-लेखन के सिद्धान्तों का परिचय
(२) भाषा पर अधिकार
(३) पर्याप्त कल्पनाशक्ति
(४) तीव्र निर्णायक शक्ति
(५) कर्त्तव्यनिष्ठता
(६) उदार भावना
(७) विनम्रता
(८) मैत्री भावना
(९) कथन-स्पष्टता
(१०) संस्था के प्रति पूर्ण निष्ठा

उक्त गुणों के समन्वय से ही कोई भी पत्र-लेखक किसी व्यावसायिक संस्थान में गौरव प्राप्त कर सकता है तथा संस्थान का नाम विख्यात कर सकता है तथा उस संस्थान के स्वरूप को अलंकृत कर सकता है।

व्यावसायिक पत्र : अंग और भेद

व्यावसायिक एक ऐसा सम्प्रेषण है जिसे प्राप्त करते ही पाठक एक दृष्टि डालते ही यह जान लेता है कि पत्र कहाँ से आया है और उसका आशय क्या है।

वर्तमान व्यावसायिक एवं औद्योगिक युग में व्यावसायिक पत्राचार का महत्त्व अधिक बढ़ गया है। आज किसी व्यक्ति द्वारा व्यावसायिक संस्थान को या संस्थान द्वारा व्यक्ति को या सह-व्यावसायिक प्रतिष्ठान को व्यावसायिक उद्देश्यों की पूर्ति के लिए पत्र-लेखन का महत्त्व बढ़ गया है।

व्यावसायिक पत्रों के अंग

व्यावसायिक पत्र वस्तुतः कई भागों में बँटा रहता है तथा उसके प्रत्येक भाग का महत्त्व होता है। विशेष रूप में व्यावसायिक पत्रों के मुख्यतः तीन अंग हैं—

(अ) शिरोभाग

(आ) मध्य भाग

(इ) अन्त्य भाग

(अ) शिरोभाग—व्यावसायिक पत्र का शिरोभाग वह है जिसमें व्यावसायिक संस्थान का नाम, पता, तार एवं दूरभाष (फोन) आदि का संकेताक्षर और नम्बर (यदि कोई है), पत्रांक एवं दिनांक लिखा रहता है। इसी भाग में पत्र पाने वाले का नाम तथा पता भी निहित रहता है। इसके साथ ही सम्बोधन एवं अभिवादन का उल्लेख भी रहता है।

(आ) मध्य भाग—व्यावसायिक पत्र का मध्य भाग अत्यन्त महत्त्वपूर्ण होता है क्योंकि इसमें विषय या संदर्भ का संकेत करते हुए मूल विषय-सामग्री का उल्लेख किया जाता है। इसके उपभाग में 'प्रारम्भिक भाग' परिचयात्मक होता है। जो अत्यन्त नम्रतापूर्ण, प्रभावशाली एवं सुरुचि पूर्ण होना चाहिए। 'मुख्य विषय' में वास्तविक विषय सामग्री का प्रतिपादन होता है और अन्त में सारांश होता है जो प्रारम्भिक की भाँति ही नम्रतापूर्वक, प्रभावोत्पादक और विश्वसनीय होता है।

(इ) अन्त्य भाग—व्यावसायिक पत्र का अन्त्य भाग भी अत्यन्त महत्त्वपूर्ण होता है क्योंकि उसमें प्रेषक के स्वनिर्देश के साथ हस्ताक्षर, पदनाम तथा संलग्नक (यदि कोई है) और 'पुनश्च' (किसी अन्य बात के स्मरण आने पर उल्लेख) के अतिरिक्त टंकक या लिपिक का संकेताक्षर एवं हस्ताक्षर निहित रहता है।

इस प्रकार से अलग-अलग अंगों का विवरण निम्न प्रकार है—

(१) शीर्षक/संस्थान का नाम		अ—शिरोभाग
(२) तार का संक्षिप्त नाम, टैलेक्स या फोन नम्बर		
(३) पत्रांक एवं दिनांक		
(४) प्रेषिती-पत्र प्राप्तकर्ता		
(५) सम्बोधन एवं अभिवादन		
(६) विषय शीर्षक		
(७) विषय-सामग्री	(i) आरम्भिक भाग	आ—मध्य भाग
	(ii) मुख्य विषय	
	(iii) अन्त्य भाग	
(८) सम्मानार्थ शब्द		इ—अन्त्य भाग
(९) स्वनिर्देश		
(१०) हस्ताक्षर		
(११) पदनाम		
(१२) संलग्न		
(१३) पुनश्च		
(१४) टंकक/लिपिक के संकेताक्षर		

व्यावसायिक पत्र लेखन का शिरोभाग

रामनारायण बेनीप्रसाद
संस्कृत वाङ्मय के प्रकाशक एवं विक्रेता

दूरप्रेष्य : सरस्वती पता ....
दूरभाष : २४३६४८ ....
पत्रांक.............. दिनांक..............
श्री/सर्वश्री...............
पता ....
....

सम्बोधन : प्रिय श्री..........
अभिवादन : सादर नमस्कार।

व्यावसायिक पत्र-लेखन के शिरोभाग के अन्तर्गत ग्रावश्यक बातें

(१) व्यावसायिक पत्र निम्नलिखित रूप में भेजे जाते हैं—

(i) व्यक्ति विशेष या ग्राहक को

(ii) व्यापारिक संस्थान को

(iii) किसी सीमित कम्पनी को

(iv) किसी समिति, निगम अथवा निकाय को

(v) सरकारी अधिकारी या कार्यालय को

ऐसे सभी पत्रों का प्रारूप तैयार करते समय आन्तरिक पता लिखने में प्रायः निम्नवत् ध्यान रखा जाता है—

(i) **व्यक्ति या ग्राहक :**

(क) प्रोफेसर दास बिहारी लाल अग्रवाल
लेखा विभाग
सेठ जी० बी० पोदार कालेज
नवलगढ़-३३३०४२

(ख) कुमारी कमलेश गुप्ता
१-त-२ जवाहरनगर
जयपुर-३०२००४

(ii) **व्यापारिक संस्थान को :**

(क) सर्वश्री व्यंजना प्रकाशन
पुस्तकालय के सामने
नवलगढ़-३३३०४२

(ख) सर्वश्री वाणी प्रकाशन
६१-एफ, कमला नगर
दिल्ली-११०००७

(iii) **सीमित कम्पनी को :**

(क) राजकमल प्रकाशन प्रा० लि०
दरियागंज
दिल्ली ११०००२

(ख) मेहरा एण्ड क०
१० ए, आदर्शनगर
जयपुर-३०२००४

(ग) प्रबन्ध संचालक
राजपाल एण्ड सन्स
कश्मीरी गेट
दिल्ली

(घ) प्रबन्धक
दी नैनीताल बैंक लि०
द माल
नैनीताल

(iv) **किसी समिति, निगम अथवा निकाय को:**

(क) प्रबन्धक
राजस्थान राज्य क्रय-विक्रय समिति
आकाशवाणी के सामने
जयपुर-३०२००१

(ख) अधिशासी अधिकारी (प्रशासन)
दिल्ली नगर निगम
नई दिल्ली ११०००२

(v) **सरकारी अधिकारी या कार्यालय को**

(क) कुलसचिव

(ख) निदेशक

कुमाऊँ विश्वविद्यालय　　　　　　　　उच्च शिक्षा निदेशालय

इलाहाबाद

(ग) श्री रमेशचन्द्र दुबे
संयुक्त सचिव
शिक्षा १२ (क)
सचिवालय, उत्तर प्रदेश, लखनऊ

(२) व्यावसायिक पत्रों में 'महोदय', 'आदरणीय महोदय','प्रिय महोदय आदि सम्बोधन लिखे जाते हैं।

(३) मूल पत्र की समाप्ति पर 'स्वनिर्देश' में प्रायः 'भवदीय', 'भवन्निष्ठ', 'आपका', 'आपके विश्वासभाजन', 'आपका हितैषी' आदि शब्द प्रयोग किये जाते हैं।

(४) संलग्नक, यदि आवश्यक है, का उल्लेख करके उसी व्यक्ति के हस्ताक्षर अनिवार्य होते हैं, जिसने पत्र पर हस्ताक्षर किए हैं।

व्यावसायिक पत्रों के भेद

व्यावसायिक पत्र सामान्य एवं कार्यालय पत्रों से भिन्न प्रकार के और विविध ढंग के होते हैं। उनका वर्गीकरण निम्न प्रकार किया जा सकता है—

१. पूछताछ पत्र
२. निर्ख पत्र
३. आदेश पत्र
४. मालप्रेषण पत्र
५. शिकायत पत्र
६. समायोजन पत्र
७. तगादा पत्र
८. गश्ती पत्र
९. सिफारिशी पत्र
१०. साख पत्र
११. अनुगमन पत्र
१२. एजेन्सी सम्बन्धी पत्र
१३. दावापूर्ति पत्र
१४. बैंक सम्बन्धी पत्र
१५. बीमा सम्बन्धी पत्र

व्यावसायिक पत्रों के प्रारूप

व्यावसायिक पत्रों के विषय में संक्षिप्त परिचय के साथ उनके प्रारूप प्रस्तुत किये जा रहे हैं—

टिप्पण लेखन : परिभाषा, उद्देश्य, विशेषताएँ एवं प्रकार

टिप्पणी या टिप्पण

'टिप्पणी' या 'टिप्पण' मूलत: अंग्रेजी शब्द नोटिंग (Noting) का हिन्दी पर्याय है। यह टिप्पण प्रारूप लेखन का प्रमुख अंग है, जो ऐसी अभ्युक्ति के रूप में हमारे सामने आता है कि किसी भी विचाराधीन पत्र के सम्बन्ध में कार्यालय द्वारा संक्षिप्त एवं तार्किक रूप में पत्र का आशय लिखित में स्पष्ट करने में सक्षम होता है तथा उसके निस्तारण में सुविधा प्रदान करता है।

टिप्पण में टिप्पणकर्त्ता अपनी पत्रावली पर विचाराधीन पत्र का सार देते हुए उसके निस्तारण के लिए राजकीय विधि नियम, उपनियम तथा परिनियम आदि का तर्कसंगत उल्लेख करते हुए उनके अन्तर्गत अपना सुझाव प्रस्तुत करता है।

टिप्पण का उद्देश्य उन बातों का निर्णय करना होता है जो तर्कसंगत रूप में विषय को स्पष्ट तो करती ही हैं तथा जिनके आधार पर निर्णय की सम्भावनाओं का संकेत मिलता है। टिप्पण का दूसरा उद्देश्य कार्यालयों में होने वाले काम को निपटाना है। इसके अन्तर्गत मंत्रालयों के काम को सुव्यवस्थित रूप से कार्य करने तथा अन्य राजकीय कार्यालयों में विचाराधीन विषयों पर निर्णय कर उनके निस्तारण के लिए टिप्पणी प्रक्रिया से प्रत्येक विचाराधीन पत्र को निकलना होता है।

टिप्पण का क्रम

टिप्पणकर्त्ता सदैव एक क्रम विशेष में ही विचाराधीन पत्र पर टिप्पणी करता है अत: टिप्पण का क्रम निम्नलिखित रूप में मिलता है—

(i) विचारणीय विषय
(ii) विचाराधीन विषय की पृष्ठभूमि
(iii) तद्विषयक विभिन्न दृष्टिकोण

(iv) तार्किक विश्लेषण

(v) सुनिश्चित सुझाव एवं निष्कर्ष

टिप्पण के सिद्धान्त

टिप्पण प्राय: लिपिक वर्ग से आरम्भ होकर अवर लिपिक, प्रभाग सहायक होता हुआ अधिकारी तक जाता है। अत: उसके सहज एवं सामान्य सिद्धान्त निम्नलिखित होते हैं—

(i) टिप्पणी सदैव निर्धारित प्रपत्र पर ही लिखी जाती है जिसके दोनों ओर पर्याप्त हाशिया छोड़ा गया होता है। यह फुलस्केप साइज में ही काम में लाया जाता है।

(ii) टिप्पणी सदैव विषयानुरूप ही की जाती है।

(iii) मूल विषय का निर्देश स्पष्ट रूप में किया जाता है।

(iv) एक ही विषय में प्राप्त अनेक पत्रों पर आने के क्रम में रखकर टिप्पणी एकसाथ की जाती है।

(v) यदि टिप्पणी आवश्यकता से अधिक बड़ी होती है तो पहला अनुच्छेद छोड़कर अन्य सभी अनुच्छेदों पर दो से क्रमसंख्या आरम्भ कर टिप्पणी अंकित की जाती है।

(vi) सभी तथ्य जाँच-परखकर ही टिप्पणी में लिखे जाते हैं तथा उनके सम्बन्ध में व्यक्तिगत आक्षेप नहीं किये जाते हैं।

(vii) टिप्पणी सारगर्भित, संक्षिप्त, क्रमबद्ध मंतव्यपूर्ण तथा सुस्पष्ट एवं संयत भाषा में लिखी जाती है।

(viii) टिप्पणी के अन्त में टिप्पणकर्ता के संक्षिप्त हस्ताक्षर बाईं ओर किये जाते हैं। हाशिये में अधिकारी टिप्पणी एवं विगत सन्दर्भ विषयक निर्देश लिखता है।

(ix) टिप्पणी में कोई भी सम्बन्धित बात छिपाई न जाकर निरपेक्ष रूप में तद्विषयक आवश्यकता के अनुरूप रखी जाती है।

टिप्पण के प्रकार

टिप्पणी प्राय: प्रत्येक सरकारी कार्यालय की कार्य निपटाने की प्रक्रिया का महत्त्वपूर्ण अंग है। इसके निम्नलिखित प्रकार हैं—

(अ) सूक्ष्म टिप्पण	Short Noting
(आ) सामान्य टिप्पण	Simple Noting
(इ) सम्पूर्ण टिप्पण	Full Noting

(ई) अनुभागीय टिप्पण	Sectional Noting
(उ) नित्यक्रमिक टिप्पण	Routine Noting
(ऊ) अनौपचारिक टिप्पण	Unofficial Noting
(ए) आनुषंगिक टिप्पण	Contigent Noting

(अ) सूक्ष्म टिप्पण—सूक्ष्म टिप्पण का व्यवहार 'टीप' कहा जाता है। प्रत्येक कार्यालय में डाक से अथवा अन्य किसी भी साधन से प्राप्त सारे पत्र किसी अधिकारी, शाखा अधीक्षक, उपसचिव आदि के पास भेजे जाते हैं। वह उन पर पार्श्व में अपने निर्देश देते हैं कि यह पत्र किस अनुभाग में जाएगा। इसे ही सूक्ष्म टिप्पणी कहते हैं।

(आ) सामान्य टिप्पण—प्रत्येक कार्यालय में ऐसे पत्र भी आते हैं जिनके निस्तारण के लिए किसी पूर्व इतिहास, कार्यवाही अथवा इतिवृत्त का उल्लेख करने की आवश्यकता नहीं होती और न नई कार्यवाही की जानी होती है। अतः ऐसे पत्रों पर जो टिप्पणी की जाती है, वह सामान्य टिप्पणी कहलाती है। यथा—'अवलोकनार्थ प्रस्तुत', 'देख लिया, नत्थी करें', 'उत्तर नहीं देना है', 'सूचनार्थ प्रेषित' आदि ऐसी ही टिप्पणियाँ हैं।

(इ) सम्पूर्ण टिप्पण—किसी उलझे हुए, विवादग्रस्त विषय पर टिप्पण पुरानी पत्रावली, नियम, उपनियम, अधिनियम, सांवैधानिक एवं प्रचलित प्रक्रियाओं एवं निर्णयों सम्बन्धी सारा इतिवृत्त तथ्यपरक एवं तर्कपुष्ट सुझावों एवं न्यायालय से तद्सम्बन्धी निर्णयों सहित प्रस्तुत करता है तो उसे 'सम्पूर्ण टिप्पण' कहा जाता है।

(ई) अनुभागीय टिप्पण—कार्यालयों, मंत्रालयों में कतिपय विषयों तथा बिन्दुओं पर कार्यवाही करने वाले अनुभाग से ही सम्बन्धित होकर भी विभिन्न अनुभागों या मंत्रालयों से पृथक-पृथक आदेश प्राप्त करना आवश्यक होता है और पत्रावली को एतद्विषयक वांछित पत्रावली के साथ उन अनुभागों में टिप्पणी करने के लिए भेजा जाता है तथा विभिन्न अनुभागीय टिप्पणियों के आलोक में ही सम्पूर्ण टिप्पण तैयार किया जाता है। इस प्रकार अन्य अनुभागों में की गई टिप्पणी को 'अनुभागीय टिप्पण' कहा जाता है।

(उ) नित्यक्रमिक टिप्पण—नित्यक्रमिक टिप्पण किसी कार्यालय की उन छोटी-छोटी टिप्पणियों को कहा जाता है जो अभिलेख या रिकार्ड के लिए नहीं रखी जाती हैं तथा पत्रादि को देखकर पत्रावली में नत्थी करने के लिए उन्हीं पर टिप्पणी कर दी जाती है, अलग से पूरी टिप्पण प्रक्रिया अपनाने की आवश्यकता नहीं होती।

(ऊ) अनौपचारिक टिप्पण—अनौपचारिक टिप्पणियाँ वे होती हैं जिनमें

नियमों, परिनियमों का पालन किया जाना तो आवश्यक होता है, परन्तु इसके विपरीत अनौपचारिक रूप में किसी प्रस्ताव या पत्र पर दूसरे अनुभाग या मंत्रालय में सीधे ही जानकारी हेतु लिखकर भेजा जाता है। इस प्रक्रिया में जो उत्तर प्राप्त होता है, उसे 'अनौपचारिक टिप्पण' कहा जाता है।

(ए) **आनुषंगिक टिप्पण**—मुख्य या सम्पूर्ण टिप्पणी के साथ पार्श्व में या नीचे जुड़ती चली जाती है तथा टिप्पणकर्ता द्वारा की गई टिप्पणी से अधिकारी के संक्षिप्त हस्ताक्षर युक्त सहमति प्रकट करने वाली को 'आनुषंगिक टिप्पण' कहा जाता है।

अच्छे टिप्पण की विशेषताएँ

(१) **समस्या का समाधान**—टिप्पणकर्त्ता को टिप्पणी लिखते समय विचाराधीन पत्र में निहित समस्या का समाधान या हल के लिए कोई सुझाव या विकल्प बताया जाना उचित है। यदि विकल्प है तो उसे समाधान हेतु विकल्प को चुनने के लिए श्रेयस्कर विकल्प की ओर संकेत भी किए जाने का संकेत होता है।

(२) **पूर्वापर क्रमयुक्तता**—टिप्पणकर्त्ता के विचार प्रकट करने में पूर्ववर्ती क्रम से कार्यवाही का क्रमिक उल्लेख किया जाना उचित रहता है। ऐसी स्थिति में अच्छा टिप्पणकर्त्ता पूर्ववर्ती के साथ वर्तमान स्थिति तथा भविष्य में अपेक्षितक ार्य-वाही का संकेत करता है।

(३) **विषय का उपविभाजन एवं अनुच्छेदीकरण**—अच्छा टिप्पणकर्त्ता किसी भी विषय पर विभिन्न दृष्टियों से विचाराधीन पत्र पर विचार करते हुए उक्त पत्र के विषय का उपविभाजन करता है तथा पहले अनुच्छेद के बाद के सभी अनुच्छेदों पर क्रमशः दो से आरम्भ करके आगे का क्रम देता है।

(४) **पुनरुक्ति दोष से मुक्त**—अच्छे टिप्पणकर्त्ता की टिप्पणी में कोई पुनरा-वृत्ति नहीं होती है। यह तभी सम्भव होता है जब टिप्पणकर्त्ता अपने बौद्धिक विकास के साथ विषय को समझने की सामर्थता तथा विवेकसम्मत भाषाधिकार रखता है और तर्कसंगत टिप्पणी में पुनरावृत्ति नहीं होने देता है।

(५) **व्यक्तिगत आक्षेपों से मुक्त**—अच्छा टिप्पणकर्त्ता टिप्पणी लिखते समय इस बात का ध्यान रखता है कि कार्यालय में किसी कनिष्ठ या वरिष्ठ अधिकारी या कर्मचारी पर अथवा विचाराधीन पत्र प्रेषणकर्त्ता पर व्यक्तिगत आक्षेप नहीं हो अतः ऐसी टिप्पणियाँ व्यक्तिगत आक्षेपों से मुक्त रहती हैं।

(६) **संक्षिप्तता एवं स्पष्टता**—अच्छा टिप्पण संक्षिप्त एवं स्पष्ट होता है। अतः जहाँ तक सम्भव होता है, वहाँ टिप्पण का आकार अत्यन्त संक्षिप्त होता है तथा विचाराधीन विषय को सुस्पष्ट रूप में रखता है और उपलब्ध तथ्यों के आलोक में सुनियोजित ढंग से उचित विकल्प सुझाया जाता है।

(७) **संयत भाषा का प्रयोग**—अच्छे टिप्पण में सदैव संयत भाषा का प्रयोग किया जाता है और संयत भाषा के प्रयोग करने पर अपने ही किसी सहयोगी, सहकर्मी, किसी अधिकारी की आलोचना करने की आवश्यकता पड़ने पर भी कटुता बढ़ने की सम्भावना नहीं रहती। संयत भाषा-प्रयोग की दृष्टि से अच्छी टिप्पणी में द्वयार्थक शब्दों का प्रयोग नहीं किया जाता है।

(८) **अन्य पुरुष का प्रयोग**—अच्छे टिप्पण में किसी भी विषय पर विचार प्रकट करते हुए प्रथम पुरुष (मैं, हम, मैंने) का प्रयोग नहीं किया जाता है। अतः तृतीय पुरुष या अन्य पुरुष का प्रयोग ही किया जाता है।

(९) **आद्य हस्ताक्षर**—अच्छे टिप्पण में यह आवश्यक होता है कि टिप्पणी समाप्त होते ही टिप्पणीकर्त्ता टिप्पणी के बाईं ओर अपने संक्षिप्त अथवा आद्य हस्ताक्षर (Initial Signature) करता है। इससे यह ज्ञात हो जाता है कि किस सहायक एवं कर्मचारी ने उक्त टिप्पणी लिखी है।

टिप्पणी का आरम्भिक प्रारूप

डाक से प्राप्त पत्रों से ही लिपिकीय स्तर पर कार्यालय में टिप्पण कार्य आरम्भ हो जाता है। इसकी निम्नलिखित सरणियां होती हैं—

अ—आवक या आसादन पंजिका में पंजीकरण

आ—प्राप्त पत्रों पर विभागीय या कार्यालयीय मुद्रांकन

इ—अनुभागों में प्रेषण

ई—अनुभाग दैनिकी पंजिका में अंकन

प्रथम सरणि में प्राप्त पत्रों को पंजीयनकर्ता लिपिक प्राप्त कर उन्हें अपने आवक या आसादन पंजिका (Receipt Register) में तिथिक्रमानुसार अंकित या पंजीयत (Registered) करता है। आवक या आसादन पंजिका का प्रारूप निम्न प्रकार होता है—

आसादन/आवक पंजिका

क्रम संख्या	दिनांक	पत्र प्राप्ति की क्रम संख्या	पत्र प्राप्ति की दिनांक	कहाँ से प्राप्त	विषय	अनुभाग जहाँ भेजा गया	प्राप्तकर्त्ता के हस्ता०	अभ्युक्ति
१	२	३	४	५	६	७	८	९

पंजीयन उन्हीं पत्रों का होता है जो व्यक्तिगत नाम से प्राप्त पत्र नहीं होते हैं। यदि मंत्री, अधिकारी के स्वनाम आदि से पत्र प्राप्त होते हैं तो वे स्वयं अथवा उनके निजी सचिव अथवा निजी सहायक द्वारा ही खोले जाते हैं। यदि ऐसे पत्र होते हैं तो आसादन या डाक-प्राप्तकर्त्ता लिपिक उन्हें निजी सचिव या अनुभागा-

धिकारी को सीधे ही पहुँचा देता है।

प्राप्त सभी पत्रों पर आसादन लिपिक द्वारा विभागीय मुद्रांकन किया जाता है। ये मुद्रा प्रायः निम्नप्रकार की होती हैं—

............मंत्रालय	...............विभाग
प्राप्ति-दिनांक...............	प्राप्ति क्रम-संख्या...........
केन्द्रीय पंजीयन संख्या/दिनांक......	प्राप्ति-दिनांक..............
अनुभाग दैनिकी संख्या.....	अनुभाग संकेत...........
वर्गीकरण...............	

पंजीयत पत्रों पर सूक्ष्म टिप्पणी द्वारा अनुभागाधिकारी यह अंकित करता है कि यह पत्र किस अनुभाग को भेजा जाना है तथा उनके अनुसार उन्हें वर्गीकृत करके सम्बन्धित अनुभागों में 'पत्रवाह या चपरासी पुस्तिका' (Peon Book) में अंकित कर भेज दिया जाता है। 'पत्रवाह पंजिका' का प्रारूप निम्न प्रकार का होता है—

पत्रवाह पंजिका (Peon Book)

क्रम संख्या	दिनांक	प्रेषिती का नाम	विषय	प्राप्तकर्त्ता के हस्ताक्षर एवं दिनांक	अभ्युक्ति
१	२	३	४	५	६

पत्रवाह सम्बन्धित अनुभागों में डाक-वितरण कर अपनी पत्रवाह पंजिका में उपलब्ध आसादन लिपिक के हस्ताक्षर कराके पत्र सौंप देता है।

पत्र जब अनुभाग में प्राप्त कर लिया जाता है तो वहाँ उपलब्ध दैनिकी पंजिका में उसका अंकन किया जाता है तथा उसमें पत्र की विगत संख्या एवं तिथि का संकेत कर जिस सम्बन्धित अधिकारी/अनुभाग को प्राप्त पत्र भेजा गया का उल्लेख किया जाता है। इसके पश्चात् अन्तर-अनुभाग संचरण पंजिका द्वारा उस पत्र के संचरण का उल्लेख अनुभाग में अंकित किया जाता है। अतः इन दोनों पंजिकाओं का प्रारूप यहाँ निर्दिष्ट किया जा रहा है—

अनुभाग दैनिकी

क्रमांक	प्राप्त पत्र		कहाँ से प्राप्त	विषय	वर्गीय-करण	किस सहायक के नाम	पत्रा-वली संख्या	रन्तिम निप-टान का दिनांक	अभ्युक्ति
	क्रम संख्या	दिनांक							
१	२	३	४	५	६	७	८	९	१०

अन्तर-अनुभाग संचरण पंजिका

क्रमांक	प्राप्त पत्र		किस अनुभाग से प्राप्त	विषय	किस सहायक के नाम अंकित	संचरण	अभ्युक्ति
	क्रम संख्या	दिनांक					
१	२	३	४	५	६	७	८

इसके अतिरिक्त प्रत्येक अनुभाग का सहायक अपनी दैनिकी में प्राप्त पत्रों का अंकन एवं निस्तारण का उल्लेख करता है । सहायक दैनिकी का प्रारूप निम्न-लिखित रूप में होता है—

सहायक दैनिकी

दैनिक क्रमांक (वर्गीकरण सहित)	पत्र संख्या (केवल दैनिकी संख्या हेतु)	विषय	उपस्थापन का दिनांक	पत्र संख्या (केवल दैनिकी संख्या हेतु)	अन्तिम निपटान का दिनांक
१	२	३	४	५	६

टिप्पण-लेखन

टिप्पण-लेखन के लिए निर्धारित मुद्रित प्रपत्र होता है जिस पर दोनों ओर पर्याप्त पार्श्व या हाँसिया छोड़कर दो रेखाएँ खिंची रहती हैं तथा शीर्ष में 'कार्यालय टिप्पण/टीप-पत्र' (Note Sheet) लिखा रहता है । नई टीप या टिप्पण आरम्भ करते समय उक्त नामांकित पत्रक को ही काम में लिया जाता है, परन्तु टिप्पणी की प्रक्रिया बढ़ने पर नया पृष्ठ काम में लाने के लिए 'अनुवर्ती पत्र' (Continuation Sheet) प्रयोग किया जाता है । उस पर भी दोनों पार्श्व में रेखा खींचकर मध्य में 'अनुवर्ती पत्र' शब्द अंकित रहते हैं, यथा ---

क्रम संख्या	
(१)	कार्यालय टीप पत्र (Office Note Sheet)
(२)	अनुवर्ती पत्र (Continuation Sheet)

उदाहरण :

टिप्पण/टीप लेखन

क्रम-संख्या	कार्यालय टीप/टिप्पण पत्र (Office Note Sheet)
१५	जिलाधिकारी नैनीताल पत्रांक १४७२ दिनांक १७ अगस्त १९८४

कृपया विचाराधीन पत्र का अवलोकन करें

२. जिलाधिकारी नैनीताल ने निवेदन किया है कि प्रति वर्ष की भाँति इस वर्ष भी नैनीताल नगर में शरदोत्सव का आयोजन किया जाना है। इसके लिए पूर्व में ही पचास हजार रुपये का प्रावधान है लेकिन गत कई वर्षों से अनुभव यह किया जा रहा है कि आयोजन का यह वित्तीय प्रावधान अपर्याप्त है। } अ

३. अभी नैनीताल प्रवास के अवसर पर शरदोत्सव का उद्घाटन करते हुए मुख्यमंत्री महोदय ने घोषणा की थी कि शरदोत्सव आयोजन की वित्तीय राशि बढ़ाकर एक लाख रुपये की जा रही है।

४. इस सम्बन्ध में जिलाधिकारी ने उक्त सन्दर्भ देते हुए माँग की है कि उक्त वृद्धि इसी वर्ष के आयोजन के लिए उपलब्ध कराई जाए ताकि शरदोत्सव के समस्त कार्यक्रमों को पूर्ण सफल बनाया जा सके। वे स्वयं ऐसा अनुभव करते हैं कि पर्यटकों को आकर्षित करने के लिए अब तक प्रावधानित राशि से पूर्ण व्यवस्था संभव नहीं हो पाती है। } ब

५. यदि आज्ञा हो तो इसके लिए वित्त विभाग से सहमति प्राप्त कर ली जाए और तब तक अन्तरिम उत्तर जिलाधिकारी नैनीताल को भेज दिया जाए कि पत्र पर उचित कार्यवाही किए जाने के लिए वित्त विभाग की सहमति माँगी जा रही है। (तुरंत अन्तरिम उत्तर भेजें)

शी० पाण्डे

२४-८-८४

१६ कृपया पार्श्वांकित 'अ' सम्बन्धी सूचनाएँ प्रस्तुत करें कि स्वीकृति कब से है।

'ब' पर अंकित में बताएँ कि क्या जिलाधिकारी ने पूर्व में इस आशय से माँग की है।

'स' पर निर्दिष्ट कार्यवाही करें।

वि० मो० खन्ना

२६-८-८४

१७ 'अ' के उत्तर के लिए कृपया पताका 'क' का तथा 'ब' के लिए पताका 'ख' का अवलोकन करें तथा उक्त के अनुच्छेद ५/१५ के सम्बन्ध में सहमति प्रकट करें।

	शी० पाण्डे २७-८-८४
१८	पताका 'क' एवं 'ख' देख लिए। अनुच्छेद ५/१५ में प्रस्तावित्त विभाग की सहमति के लिए प्रारूप तुरन्त तैयार कराएँ वि० मो० खन्ना २७-८-८४
१९	क्रमांक १८ के अनुरूप अनुच्छेद ५/१५ के अन्तर्गत पत्र सहमति हेतु टंकित रूप में सादर हस्ताक्षरार्थ प्रस्तुत कैलाश २७-८-८४
२०	हस्ताक्षरित एक प्रति जिलाधिकारी नैनीताल को भी भेजें वि० मो० खन्ना २९-८-८४
२१	पत्र जारी किया गया तथा प्रतिलिपि जिलाधिकारी नैनीताल को भी प्रस्तुत की जा रही है। अवलोकनार्थ प्रेषित शी० पाण्डे २९-८-८४
२२	देखा। तुरन्त भेजें वि० मो० खन्ना ३०-८-८४

टिप्पण में प्रयुक्त कुछ वाक्यांश

(१) सादर अवलोकनार्थ प्रस्तुत
(२) सादर आदेशार्थ प्रस्तुत
(३) सादर हस्ताक्षरार्थ प्रस्तुत
(४) उत्तर का प्रारूप अनुमोदनार्थ प्रस्तुत
(५) देख लिया। धन्यवाद।
(६) हस्ताक्षरित। भेजें
(७) अब कोई कार्यवाही अपेक्षित नहीं
(८) वित्त विभाग को सहमति हेतु लिखें
(९) मुख्य पत्रावली आने तक प्रतीक्षा करें
(१०) अभी नहीं। पन्द्रह दिन बाद प्रस्तुत करें
(११) विचाराधीन पत्र के सम्बन्ध में सूचना अभी न भेजें

(१२) अन्तरिम उत्तर शीघ्र भेजें

(१३) पार्श्वांकित 'क' से सहमत। शीघ्रता करें

(१४) प्रारूप प्रस्तुत करें

(१५) टंकण की अशुद्धियाँ हैं। शुद्ध प्रारूप तत्काल प्रेषित करें

(१६) कृपया बात करें

(१७) प्रारूप उचित। पत्र जारी करें

(१८) प्रारूप जारी करना अब आवश्यक नहीं

(१९) यह अनुभाग ई—११ वित्त से सम्बन्धित। सहमति प्राप्ति हेतु लिखें।

(२०) पूर्व सन्दर्भ प्रस्तुत करें

(२१) अनुस्मारक तुरन्त जारी करें

(२२) पत्रावली के पृष्ठ·········की टिप्पणी संख्या······की ओर ध्यान आकृष्ट किया जाता है।

(२३) सभी क्षेत्रीय कार्यालयों को सूचित करें

(२४) सचिव महोदय से फोन पर सम्पर्क करें

(२५) आपत्ति नहीं, टंकित कराएँ

(२६) फोन पर वार्ता हुई। पत्र भेजें

(२७) श्री·········से पूछा जाए कि क्यों न अनुशासनात्मक कार्यवाही की जाए

(२८) अनुमति लोकहित में अनुचित। प्रार्थनापत्र अस्वीकृत किया जाए।

(२९) श्री ·······का उत्तर असंगत है, पुनः स्पष्टीकरण माँगा जाए

(३०) श्री·········से आख्या माँगी जाए

(३१) चालू वित्तीय वर्ष में बजट प्रावधान नहीं है अतः इस प्रस्ताव को निरस्त कर उत्तर भेजें।

(३२) पुराने अभिलेखों की पड़ताल की गई। बिल संख्या·········दिनांक ·········का अभी तक भुगतान नहीं हुआ है।

महत्त्वपूर्ण टिप्पणियों के हिन्दी रूप

(१)	Submitted for pervsal	अवलोकनार्थ प्रस्तुत
(२)	Submitted for orders	आदेशार्थ प्रस्तुत
(३)	Submit with P.U.C. (papers under consideration)	विचाराधीन पत्रों सहित प्रस्तुत करें

(४)	Submitted for consideration	विचारार्थ प्रस्तुत
(५)	Submitted for information	सूचनार्थ प्रस्तुत
(६)	Submitted for signature	हस्ताक्षरार्थ प्रस्तुत
(७)	Seen & returned	देखकर वापस किया
(८)	Seen & file	देख लिया, नत्थी करें
(९)	Seen & returning with thanks	देखकर सधन्यवाद वापस
(१०)	Send comments	टिप्पणी भेजो
(११)	Draft reply is submitted for approval	उत्तर का प्रारूप अनुमोदनार्थ प्रस्तुत है।
(१२)	Final draft submitted for signature as directed by you	आपके निर्देशानुसार अन्तिम प्रारूप हस्ताक्षरार्थ प्रस्तुत
(१३)	Delay in returning the papers is reqretted	पत्रावली लौटाने में हुए विलम्ब के लिए खेद है
(१४)	Draft reply be prepared on the following suggestion	निम्न सुझावों के अनुसार उत्तर का प्रारूप तैयार किया जाए
(१५)	Circulate for general information	सर्वसाधारण की सूचनार्थ प्रसारित करें
(१६)	Circulate for compliance for information only	पालनार्थ प्रसारित करें मात्र सूचनार्थ
(१७)	For circulation	प्रसारणार्थ
(१८)	Further action is awaited	अग्रिम कार्यवाही की प्रतीक्षा की जा रही है
(१९)	Formal approval may be rejected	औपचारिक अनुमोदन निरस्त किया जाए
(२०)	Formal approval may be recorded	औपचारिक अनुमोदन अंकित किया जाए
(२१)	Finance Ministry may please see for concurrence.	सहमति हेतु वित्त मंत्रालय देख ले

(२२)	Forwarded for necessary action	आवश्यक कार्यवाही हेतु अग्रसारित
(२३)	Forwarded for consideration	विचारार्थ अग्रसारित
(२४)	Send interim reply soon	अन्तरिम उत्तर शीघ्र भेजिए
(२५)	Send for comments of the Directorate	निदेशालय की टिप्पणी के लिए भेजिए
(२६)	Please take the action as discussed	चर्चानुसार कार्यवाही कीजिए
(२७)	Please accord sanction	कृपया स्वीकृति प्राप्त करें
(२८)	Please file after circulation amongst the staff members	सेविवर्गीय सदस्यों में प्रसारित करने के बाद नत्थी करें।
(२९)	Agreed as suggested	यथानुरूप सहमत
(३०)	Please call the attention of all concerned	सभी सम्बन्धितों को बुलाइए
(३१)	Please send your detailed comments pointwise	कृपया बिन्दुवार अपनी विस्तृत टीका भेजिए।
(३२)	Please comment	कृपया टीका कीजिए
(३३)	Please expedite	कृपया शीघ्र भेजिए
(३४)	Please speak	कृपया वार्ता कीजिए
(३५)	Please see the previous notes	कृपया पूर्व टिप्पणी का अवलोकन करें
(३६)	Draft submitted for approval	स्वीकृति हेतु प्रारूप प्रस्तुत
(३७)	Draft is concurred	प्रारूप पर सहमति दी जा सकती है
(३८)	Draft reply be prepared on the following suggestions	निम्न सुझावों के अनुसार उत्तर का प्रारूप तैयार करें
(३९)	Draft submitted for approval	प्रारूप अनुमोदनार्थ प्रस्तुत
(४०)	Forwarded for an early compliance	तत्काल अनुपालनार्थ अग्रसारित

(४१)	Forwarded with the remark that	.........टिप्पणी के साथ अग्रसारित
(४२)	For perusal and return	अवलोकन कर लौटाने के लिए
(४३)	For an early response	शीघ्र उत्तर भेजने के लिए
(४४)	For members circulation	मात्र सदस्यों में प्रसारणार्थ
(४५)	Kindly acknowledge it	कृपया इसकी प्राप्ति (पावती) भेजिए
(४६)	Kindly arrange the same	तदनुरूप व्यवस्था कीजिए
(४७)	Keeping in view the orders may be passed	उपर्यक्त तथ्यों को दृष्टिगत रखते हुए आदेश पारित करें
(४८)	Kindly take the action as discussed	चर्चानुसार कार्यवाही कीजिए
(४९)	Accepted as recommended	यथासंस्तुत स्वीकार
(५०)	All the employees to note for compliance	समस्त कर्मचारी अनुपालनार्थ नोट करें
(५१)	An early reply/response has expedited	अति शीघ्र उत्तर भेजने की कार्यवाही अपेक्षित है
(५२)	Await further report	और विवरण की प्रतीक्षा करें
(५३)	Administrative approval may be obtained	प्रशासनिक अनुमोदन प्राप्त किया जाए
(५४)	Application may be rejected	आवेदन पत्र निरस्त किया जाए
(५५)	Advance copy may be forwarded	अग्रिम प्रति अग्रसारित की जाए
(५६)	Advance may be sanctioned	अग्रिम धन स्वीकृत किया जाए
(५७)	Enquiry may be completed and its report be submitted at an early date	जांच पूरी की जाए तथा उसकी रिपोर्ट शीघ्र ही प्रस्तुत की जाए
(५८)	Explanation may be called	स्पष्टीकरण मांगा जाए

(५९)	Expedite it	इसे शीघ्रता से निपटाएं
(६०)	Expert's opinion may be accorded	विशेषज्ञ का मत प्राप्त किया जाए
(६१)	Explain the position immediately	स्थिति तुरन्त स्पष्ट करें
(६२)	Orders may be issued	आदेश प्रसारित किए जाएँ
(६३)	Report may be put again	प्रतिवेदन पुनः रखा जाए
(६४)	Papers called for are enclosed	याचित प्रपत्र संलग्न हैं।
(६५)	Requisite files are placed below	अपेक्षित पत्रावली (फाइलें) नीचे रखी हैं
(६६)	Retrospective effect cannot be given to this order	इस आदेश को पीछे की तारीख से लागू नहीं किया जा सकता
(६७)	Representation may be rejected as not in time given to it	प्रदत्त अवधि में प्राप्त न होने पर प्रतिवेदन निरस्त किया जाए
(६८)	May be issued	प्रसारित किया जाए
(६९)	May be rejected	निरस्त किया जाए
(७०)	May be recommended for necessary action	आवश्यक कार्यवाही हेतु संस्तुत किया जाए
(७१)	May be consult with Finance Ministry	वित्त मंत्रालय से परामर्श किया जाए।
(७२)	File is not traceable	पत्रावली मिल नहीं रही है
(७३)	File it, no action is necessary	इसे नत्थी करें, कार्यवाही आवश्यक नहीं है
(७४)	Orders already passed cannot be modified	प्रदत्त आदेशों में संशोधन सम्भव नहीं है
(७५)	Immediate disposal of these files is requested	इन पत्रावलियों का निपटान शीघ्र करने का अनुरोध किया जाता है
(७६)	Agreed with marked 'A'	'अ' पर अंकित से सहमत
(७७)	Objections may be re-	आपत्तियाँ हटायी जाएँ

	moved	
(७८)	If approved, the same may be ordered	यदि अनुमोदित हो तो तदनुरूप आदेश प्रसारित किए जाएँ
(७९)	Verified bills may be passed for payment	सत्यापित बिल भुगतान हेतु पारित किया जाए
(८०)	Bill may be returned with the following objections	निम्नलिखित आपत्तियों सहित बिल को वापस किया जाए
(८१)	Return in original with the remark	.........टिप्पणी सहित मूलपत्र पुनः प्रेषित किया जाता है
(८२)	Necessary action has been taken	आवश्यक कार्यवाही की गई है
(८३)	No objection certificate may be given	अनापत्ति प्रमाणपत्र दिया जाए
(८४)	Amended draft is submitted for perusal	संशोधित प्रारूप अवलोकनार्थ प्रस्तुत
(८५)	Relevant orders are flagged on 'A'	संगत आदेश पताका 'अ' पर हैं
(८६)	Exemption may be given to the following	निम्नलिखित को छूट दी जाए
(८७)	Estimates may be put for consideration	अनुमान विचारार्थ रखे जाएँ
(८८)	Estimate the value of it	इसके मूल्य का अनुमान लगाएँ
(८९)	Ex parte decision may be taken if not appeared	यदि अनुपस्थित रहे तो एकतरफा निर्णय लिया जाए

मुद्रणालय : परिचय और व्यावहारिक शब्दावली

जहाँ विविध प्रकार के मुद्रण या छापने का कार्य सम्पन्न होता है उसे मुद्रणालय कहा जाता है। मुद्रणालय के अर्थ में 'प्रेस' शब्द का भी प्रयोग किया जाता है, पर 'प्रेस' शब्द का विशिष्ट अर्थ 'समाचार जगत' से भी द्योतित होता है अतः मुद्रणालय के लिए उपर्युक्त शब्द के स्थान पर 'प्रिंटिंग प्रेस' शब्द ही प्रयोजनीय है। फिर भी सामान्य अर्थ में 'प्रेस' का प्रयोग मुद्रणालय ही स्वीकार हो चुका है।

मुद्रणालय में मुद्रणयंत्र ही नहीं होते अपितु उसमें कई कार्य मिलकर ही मुद्रणालय का सही अर्थ द्योतित कराते हैं, मात्र मुद्रण कार्य सम्पन्न करने से ही मुद्रणालय का सही और सार्थक अर्थ ग्रहण नहीं किया जा सकता, क्योंकि आज के युग में कुछ मुद्रणालय मात्र मुद्रण-कार्य ही करते हैं, मुद्रण-सामग्री आदि की तैयारी भी अन्य संस्थाएँ या एंजेन्सीज करती हैं।

एक सम्पूर्ण मुद्रणालय में निम्नलिखित विभाग होते हैं—

(i) व्यवस्था विभाग या कार्यालय (Management)

(ii) कम्पोज़िंग विभाग (Composing)

(iii) प्रूफ़-पठन विभाग (Proof Reading)

(iv) मुद्रण या प्रिंटिंग विभाग (Printing)

(v) बाइंडिंग विभाग (Binding)

(vi) ब्लॉक मेकिंग विभाग (Block Making)

लेकिन लघु मुद्रणालयों में व्यवस्था एवं प्रूफ-पठन विभाग एक हो जाते हैं, अतः ऐसी स्थिति में मुद्रणालय के तीन—व्यवस्था एवं प्रूफ-पठन, कम्पोजिंग और प्रिंटिंग विभाग ही रखे जाते हैं। बाइंडिंग विभाग स्थापित नहीं किया जाता अपितु किसी अन्य संस्थान या एजेन्सी के माध्यम से बाइंडिंग आदि का कार्य सम्पन्न कराया जाता है। बहुत छोटे प्रेस या मुद्रणालय में व्यवस्था के बाद कम्पोजीटर और प्रिण्टर भी दो व्यक्ति न होकर एक ही व्यक्ति होता है, पर ऐसे

मुद्रणालय बहुत छोटे व्यावसायिक केन्द्र पर ही सम्भव होते हैं और प्राय: जॉब वर्क करते हैं। इन मुद्रणालयों में निमंत्रण पत्र, लैटर हैड आदि का ही मुद्रण सीमित साधन और सीमित व्यवसाय के आधार पर किया जाता है।

सम्पूर्ण मुद्रणालय की क्षमता के आधार पर उपर्युक्त पाँच विभागों का परिचय निम्न प्रकार है—

(i) **व्यवस्था विभाग**—यह विभाग मुद्रणालय का बहि:कक्ष होता है। क्योंकि मुद्रणालय में मुद्रणालय कर्मचारियों के अतिरिक्त किसी अन्य का प्रवेश वर्जित रहता है। कार्य की गोपनीयता के निर्वाह के लिए यह आवश्यक होता है कि बाहर से आने वाले किसी भी व्यक्ति को यह पता न चले कि वहाँ किसकी क्या सामग्री मुद्रित हो रही है। व्यवस्था विभाग मूलत: प्रबन्ध और ग्राहक सेवा सम्पन्न करता है। मुद्रण-व्यवसाय के समस्त प्रकार के लेन-देन, हानि-लाभ, व्यय-आय, नियुक्तियों आदि की व्यवस्था इसी विभाग का दायित्व होता है।

(ii) **कम्पोजिंग विभाग**—मुद्रणालय का तकनीकी कार्य इसी विभाग से आरम्भ होता है। मुद्रणार्थ आयी हुई सामग्री को कम्पोज करना तथा उसे उपयुक्त आकार में प्रस्तुत करना, सामग्री को पृष्ठों में विभाजित करना, प्रूफ तैयार करना तथा प्रूफ-शोधन करना आदि इसी विभाग का दायित्व है। कम्पोजिंग कई प्रकार की होती है, यह मुद्रणालय के अपने आर्थिक स्तर एवं व्यावसायिक कार्यों की उपलब्धता पर प्राय: निर्भर करती है।

कम्पोजिंग के भेद—

(अ) हैंड कम्पोजिंग — व्यक्ति द्वारा

(आ) मोनो कम्पोजिंग } यंत्रों द्वारा
(इ) लाइनो कम्पोजिंग }

व्यक्ति द्वारा एक-एक अक्षर (टाइप) हाथ से उठाकर कम्पोज किया जाता है। टाइप स्टैण्ड पर उनके केसेज में भरे होते हैं और व्यक्ति कम्पोजीटर द्वारा अपनी स्टिक में एक-एक टाइप का संयोजन मुद्रणार्थ आयी सामग्री के अनुसार किया जाता है। इस कम्पोजिंग व्यवस्था में त्रुटि-शोधन या प्रूफ-शोधन की यह सुविधा रहती है कि आवश्यक शोधन के लिए टाइप को चिमटी से पकड़कर बाहर केस में डाल दिया जाता है और उसके स्थान पर उपयुक्त टाइप पुन: लगा दिया जाता है। मोनो और लाइनो कम्पोजिंग यंत्रों द्वारा की जाती है। मोनो कम्पोज में मुद्रणार्थ आयी सामग्री सबसे पहले मोनो परफोरेटर के पास जाती है और वह मोनो परफोरेशन यंत्र पर लगे कागज में सामग्री के अनुसार छिद्रांकन करता है। ऐसा करते समय कितना स्थान कहाँ छोड़ा जायेगा, किस विस्तार में सामग्री कम्पोज की जायेगी, उसका भी अंकन हो जाता है। कागज का यह स्पून्न (गोला) फिर मोनो कास्टिंग यंत्र पर जाता है जिसमें नीचे इलैक्ट्रिक ओवन में टाइप

ढालने का लैड द्रवित रूप में उबलता रहता है। एक ओर यंत्र में जल प्रवाह रहता है। ऊपर अक्षरों की डाई लगी रहती है। जब यंत्र चलाया जाता है तो स्पून्न में बने छिद्रों से वायु पास होती है, डाई गति करती है और डाई में बने अक्षर पर क्षणांश में डाई रुकती है तभी लैड नीचे से नलिका द्वारा पम्प कर दिया जाता है। जल उसे ठण्डा कर देता है। डाई यंत्र उसे निकालकर बराबर बनी फ्लैट ट्रे में खिसकाकर अपने स्थान पर चली जाती है। इस प्रकार किये गये कम्पोजिंग को कास्टिंग यंत्र पर खड़ा आपरेटर अतिरिक्त गैली में उतारकर रखता जाता है। इस आपरेटर का कार्य यंत्र ठीक प्रकार से कार्य कर रहा है, लैड कम तो नहीं है, यंत्र की गैली में कम्पोज्ड मैटर अधिक तो नहीं हो गया है, उसे उठाकर अतिरिक्त गैली में रख देना है, शेष कार्य टाइप ढालने का स्वचालित (आटोमैटिक) ढंग से होता है।

यांत्रिक कम्पोजिंग का तीसरा रूप 'लाइनो कम्पोजिंग' है। लाइनो यंत्र पर आपरेटर बैठता है जो मुद्रणार्थ प्राप्त सामग्री को उसके आकार के अनुरूप तैयार करने के साथ एक-एक अक्षर को टाइप करता है और ऊपर संगृहीत केसेज से विभिन्न वांछित टाइप स्वचालित होकर एक स्टिक में संगृहीत होते चले जाते हैं। यदि इसमें कहीं कोई टाइप गलत है तो अभी उसके स्थान पर पुनः उपयुक्त टाइप लगाया जा सकता है। मोनो यंत्र की भांति इसमें भी बायीं ओर नीचे इलैक्ट्रिक ओवन में लैड गलता रहता है, जब आपरेटर स्टिक में आये अक्षरों को बटन दबाकर आगे बढ़ता है तो ओवन से गर्म लैड ऊपर पम्प होकर इन अक्षरों को स्पर्श करता है, खाली जगह भरता है तभी ठण्डा पानी आकर लैड ठण्डा करता है तथा पूरी लाइनें तैयार होकर यंत्र में ही बनी गैली में आड़ी स्थिति में एक के बाद एक जमा होती चली जाती हैं। लाइनो मैटर में सबसे उपयुक्त बात यह है कि टाइप स्टिक से लेकर गैली तक ले जाने में किसी भी असावधानी में बिखर नहीं सकता है। पर यदि लाइनो कम्पोजिंग में कोई त्रुटि या अशुद्धि रह जाती है तो हैण्ड कम्पोज और मोनो कम्पोज की भांति टाइप चिमटी से पकड़ या खींचकर नया टाइप नहीं लगाया जा सकता अपितु पूरी लाइन ही दुबारा तैयार करनी होती है।

(iii) **प्रूफपठन विभाग**—कम्पोज किये गये मैटर में हो गई अशुद्धियों या त्रुटियों को बताने का कार्य प्रूफपठन या प्रूफशोधन विभाग करता है। कम्पोजिंग विभाग गैली प्रूफ उठाकर प्रूफ रीडिंग विभाग में प्रूफरीडर के पास भिजवा देता है। प्रूफरीडर प्रूफ को मूल कापी से पढ़कर कम्पोजिंग में रह गई अशुद्धियों अथवा त्रुटियों के संकेत लगा देता है या कम्पोज होने से रह गए मैटर को पुनः लगाने का संकेत कर देता है। इन संकेतों के आधार पर कम्पोजीटर आवश्यक संशोधन करता है।

प्रूफ निम्नलिखित प्रकार के होते हैं—

(अ) गैली प्रूफ

(आ) मेकअप या प्रथम प्रूफ

(इ) द्वितीय प्रूफ या पेज प्रूफ

(ई) तृतीय मशीन या फाइनल प्रूफ

(उ) प्रिण्ट आर्डर प्रूफ

गैली प्रूफ कम्पोजिंग से उठाये गये पहले ज्यों के त्यों प्रूफ को कहा जाता है। प्रथम या मेकअप प्रूफ उचित आकार में पेज काटकर मैटर के प्रूफ को कहा जाता है जिसको गैली प्रूफ के शोधन के बाद तैयार किया जाता है। 'द्वितीय प्रूफ' मेक-अप के बाद पेज रूप में किये गये या संकेतित शोधन के बाद प्रस्तुत किया जाता है। इस द्वितीय शोधन के बाद पृष्ठों का इम्पोजिंग पृष्ठों को मुद्रित करने के क्रम में संयोजित किया जाता है और तीसरा या फाइनल प्रूफ उठाकर प्रूफपठन कराया जाता है। प्रूफरीडर इस पर अशुद्धियों को संकेत्रित करता है और उसके बाद मुद्रणयंत्र (प्रिंटिंग मशीन) पर मैटर लगा कर मशीन द्वारा उठाये गये प्रूफ को प्रूफ रीडर देखता है जिसकी पृष्ठ संख्या क्रम या इम्पोजिंग, त्रुटि-शोधन तथा फोलियो मिलान या पिन-मिलान करके प्रूफरीडर उसे छापे जाने की अनुमति के लिए उस पर 'प्रिण्ट आर्डर' करता है। प्रिण्ट आर्डर लेने के लिए कम्पोजीटर के स्थान पर मशीनमैन ही प्रूफरीडर के पास आता है तथा संकेतित त्रुटियों के बाद वह उक्त सामग्री का मुद्रण आरम्भ कर देता है।

छोटे मुद्रणालयों में प्रूफशोधन व्यवस्था विभाग ही कर लेता है, लेकिन बड़े मुद्रणालयों में प्रूफरीडिंग विभाग अलग होता है, जिसमें आवश्यकता के अनुसार एक से अधिक प्रूफरीडर नियोजित किये जाते हैं। किसी भी बड़े व्यावसायिक मुद्रणालय में निम्नलिखित प्रूफरीडिंग पदाधिकारी होते हैं—

(i) हैड प्रूफरीडर या इंचार्ज प्रूफ रीडिंग विभाग

(ii) प्रथम ग्रेड प्रूफरीडर

(iii) द्वितीय ग्रेड प्रूफरीडर

(iv) कॉपीहोल्डर

कॉपीहोल्डर का कार्य मूल पाण्डुलिपि (या एमएसएस) से मैटर पढ़ना होता है और उसे सुनकर प्रूफरीडर कम्पोज किये मैटर की अशुद्धियों को संकेतित करता जाता है। कॉपीहोल्डर भी प्रूफशोधन की तकनीक का जानकार होता है, और वह भी द्वितीय ग्रेड प्रूफरीडर का काम करता है। बुकवर्क के लिए 'कॉपी-होल्डर' की आवश्यकता अनिवार्य होती है।

प्रूफरीडिंग या प्रूफपठन या प्रूफशोधन विभाग का कार्य अत्यन्त महत्त्वपूर्ण है। इसके अभाव में शुद्ध मुद्रण-कार्य सम्भव ही नहीं है। इसलिए प्रत्येक मुद्रणालय में

शुद्ध मुद्रण के लिए इस विभाग में योग्य व्यक्तियों को नियुक्त किया जाता है जिनको एक से अधिक भाषाओं का ज्ञान होता है। प्रूफशोधन जितना दायित्व-पूर्ण कार्य है, उतना ही धन्यवाद रहित (थैंकलैस जॉब) है क्योंकि एक भी त्रुटि रहने पर उसके किए गए परिश्रम की आलोचना की जाती है तथा क्षमा नहीं किया जा सकता।

(iv) **प्रिंटिंग या मुद्रण विभाग**—किसी भी मुद्रणालय का प्रूफरीडिंग या प्रूफपठन विभाग के पश्चात् जो सर्वाधिक महत्त्वपूर्ण विभाग है, वह प्रिंटिंग या मुद्रण विभाग है। कम्पोज किए गए मैटर को निर्देशित संशोधनों के उपरान्त आवश्यक ब्लॉक आदि के संयोजन के पश्चात् कागज पर मुद्रण करने का कलात्मक कार्य इसी विभाग का दायित्व है। मुद्रणयंत्र पर काम करने के लिए सामान्यतः दो व्यक्ति होते हैं—

(अ) प्रिंटर
(आ) इंक मैन

इंक मैन ही 'पेपर मैन' का दायित्व संभालता है। ऑटोमेटिक मुद्रण यंत्र पर उक्त तीनों व्यक्तियों का कार्य एक ही व्यक्ति निर्वाह करता है। कागज मशीन पर रखकर, रोलर्स पर स्याही लगाने के बाद वह यंत्र चला देता है, बाकी कार्य यंत्र स्वयं करता रहता है।

मुद्रणकार्य के लिए प्रयुक्त यंत्रों का परिचय निम्न प्रकार है—

(अ) ट्रेडिल मशीन
(आ) सिलिण्डर मशीन
(इ) आफसेट मशीन
(ई) रोटरी मशीन

इन मशीनों या यंत्रों में स्वचालन व्यवस्था (आटोमेटिक सिस्टम) भी रहता है। ऐसी मशीनों या यन्त्रों की देखभाल के लिए एक तकनीकी सहायक को मशीन के पास रहना आवश्यक होता है, शेष कार्य यंत्र स्वयं करता है। कागज फीड करना, सैल्फ इंकिंग, कागज पर इम्प्रैशन देना और मुद्रित कागज को एअर लीवर्स द्वारा उठाकर निश्चित स्थान पर रखना आदि सारे कार्य स्वचालन व्यवस्था में होते हैं। कुछ यंत्रों में निर्दिष्ट स्थान पर पेपर रील को खोलकर मुद्रित करने, निर्दिष्ट आकार में उसे काटकर अलग करने और उसे फोल्ड करने का काम भी आटोमेटिक यन्त्र करते हैं।

(v) **बाइण्डिग विभाग**—मुद्रणालय के स्तर के अनुसार ही बाइण्डिग विभाग भी मुद्रणालय में आवश्यक होता है वैसे कुछ स्थानों पर मुद्रणालय स्वयं बाइण्डिग कार्य न करके अन्य बाइण्डिग व्यवसायियों से यह कार्य कराते हैं। प्रत्येक बड़े मुद्रणालय में अपना निजी बाइण्डिग विभाग होता है, जिसका कार्य स्टिच करना,

जुजबंदी करना, जिल्दसाजी करना, नम्बरिंग करना, परफोरेशन करना, वार्निशिंग करना, लेमीनेशन करना, रूलिंग करना, कटिंग करना आदि होता है। जुजबंदी और जिल्दसाजी के अतिरिक्त अन्य सारे काम यंत्रों से किये जाते हैं। जिल्दसाजी के लिए गत्ते काटने, रेग्जीन काटने, लैदर काटने या पुस्तक के नाम को सुनहरी अक्षरों में अंकित करने का काम भी यंत्रों से किया जाता है।

(vi) **ब्लॉक मेकिंग विभाग**—यह विभाग सभी मुद्रणालयों में सम्भव नहीं होता, उच्चस्तरीय मुद्रणालयों में काम की मांग के अनुसार ही यह विभाग स्थापित किया जाता है। मुद्रित किए जाने वाले ब्लॉक जिन्क या मैटल पर बनाये जाते हैं।

ब्लॉक निम्न प्रकार के होते हैं—

(अ) लाइन ब्लॉक

(आ) हाफटोन ब्लॉक

इन दोनों के निर्माण की प्रक्रिया भिन्न है जो आवश्यकतानुसार निर्धारित की जाती है। इकरंगी और बहुरंगी मुद्रण के लिए उसी प्रकार एक से अधिक ब्लॉक बनाये जाते हैं।

उक्त विवरण से यह विदित हो जाता है कि मुद्रणालय के कार्य की प्रक्रिया क्या रहती है। बड़े मुद्रणालयों में उपर्युक्त प्रक्रिया ही प्रयोग में आती है परन्तु छोटे मुद्रणालयों में ये समस्त विभाग एक साथ कार्य नहीं करते हैं। कम्पोजिंग आजकल अलग होती है, मुद्रण दूसरी संस्था और तीसरी संस्था बाइंडिंग का स्वतंत्र कार्य करती है तथा ब्लॉक मेकिंग कार्य प्रायः मध्यम स्तर के मुद्रणालयों में भी बाहर से ही कराया जाता है।

प्रूफरीडर के लिए यह जानकारी भी महत्त्वपूर्ण है कि किस प्रकार के कार्य की प्रूफरीडिंग की जा रही है। पुस्तक के काम की कम्पोजिंग 'बुकवर्क' के अन्तर्गत की जाती है, जिसमें पुस्तक के आकार, पृष्ठसंख्या तथा पुस्तक का फोलियो (Folio) अंकित रहता है। प्रत्येक पृष्ठ में एक निर्धारित संख्या में पंक्तियाँ रहती हैं और सुनिश्चित मात्रा में ही दो पंक्तियों के मध्य स्पेसिंग रखी जाती है। बुकवर्क के अन्तर्गत 'फार्म' तैयार किये जाते हैं। प्रत्येक फार्म तैयार करने के बाद उसके प्रथम पृष्ठ पर नीचे की ओर फार्म नम्बर दिया जाता है जिससे बाइण्डर को क्रम लगाने में सुविधा रहती है। फार्म के इस नम्बर या विशेष संकेत को 'सिग्नेचर' कहा जाता है। विशेष संकेत काली रूल या ब्लैंक स्पेस मैथड लगाकर भी किया जाता है।

जॉब वर्क में प्रायः नोटिस, सूचना, लैटर हैड, पोस्टकार्ड, निमंत्रण पत्र, लिफाफा, टाइटिल पृष्ठ, विजिटिंग कार्ड, डिस्प्ले कम्पोजिंग आदि आते हैं। जॉब वर्क के लिए सबसे पहले उसका ले आउट (खाका) तैयार कर लिया जाता है

तथा उसमें आवश्यकतानुरूप विभिन्न प्रकार के टाइप्स, ब्लॉक्स, ऑर्नामेण्टल टाइप्स, बोर्डर्स, डैश, रूल्स आदि का प्रयोग किया जाता है।

प्रत्येक प्रूफरीडर को मुद्रणालय का इतना ज्ञान अत्यन्त आवश्यक होता है। वैसे आजकल प्रूफपठन भी एक स्वतन्त्र कार्य हो गया है। मुद्रणालय के बाहर मुद्रक निश्चित दर पर प्रूफपठन की व्यवस्था कर लेते हैं। शाम को किसी कम्पोजीटर के माध्यम से प्रूफरीडर के निवास पर ही प्रूफ भिजवा दिए जाते हैं और प्रायः प्रेस जाते समय वही कम्पोजीटर संशोधित प्रूफ मुद्रणालय वापस ले जाता है। फिर भी चाहे मुद्रणालय में प्रूफपठन की व्यवस्था हो अथवा घर में, प्रूफपठन एवं शोधन का महत्त्व अस्वीकार नहीं किया जा सकता है।

मुद्रणालय की व्यावहारिक शब्दावली

किसी भी प्रूफरीडर को प्रूफशोधन के संकेत मात्र ही ज्ञात नहीं होने चाहिए अपितु प्रेस की व्यावहारिक भाषा का भी पूरा ज्ञान होना चाहिए ताकि वह कम्पोजीटर या प्रिण्टर को अपनी बात सहज में ही समझा सके। यहाँ मुद्रणालय में प्रयुक्त विविध शब्दों का परिचय और सन्दर्भ दिया जा रहा है :—

Add	एड	जोड़िए। जो बाद में प्राप्त हुआ है उसे पिछली मूल कापी में जोड़िए।
Em	एम	टाइप का माप। १२ पाइण्ट पाइका टाइप को पाइका एम कहते हैं। एक इंच में छः एम का स्थान होता है।
Copy या Mss	कापी या मूल कापी	लिखित मैटर जो मुद्रणालय में छपने आता है।
Copy Holder	कापी होल्डर	प्रूफ विभाग में प्रूफरीडर का सहायक जो मूल कापी तेजी से पढ़कर सुनाता है ताकि मूल के अनुरूप प्रूफ में शुद्धियाँ संकेतित की जा सकें।
Case	केस	टाइप रखने का खानेदार बक्स जिसमें एक ही माप (फाण्ट) के टाइप भरे जाते हैं।
Dummy	डमी	पुस्तक किस रूप में मुद्रित की जाएगी, इसकी रूपरेखा जिसकी सहायता से पृष्ठ तैयार किए जाते हैं और यह देखा जाता है कि पृष्ठ कहाँ से आरम्भ होगा या कहाँ ब्लॉक आदि लगाए जाएँगे।
Delete	डिलीट	निकालिये। प्रूफ में अनावश्यक मैटर हटाने के लिए प्रयुक्त शब्द
Distribute	डिस्ट्रीब्यूट	कम्पोज किये हुए मैटर को तोड़कर अक्षरानुसार

		टाइप केस में पुनः डालना।
Point	पाइंट	छपाई का आकार। साधारण छपाई के टाइप 'पाइका' में १२ पाइण्ट होते हैं।
Filler	फ़िलर	खाली जगह भरने के लिए क्वाड स्पेस से पूर्ति करना।
Face	फेस	टाइप की ऊपरी सतह जिस पर कागज़ के ऊपर छपने वाला अक्षर उभरता है।
Gally	गैली	कम्पोजीटर या मोनोकास्टर या लाइनोकास्टर मैटर को कम्पोज करके जिस धातु की ट्रे में रखता है, उसे गैली कहा जाता है। इस ट्रे के तीन ओर लकड़ी का बार्डर बना रहता है।
Body	बॉडी	टाइप के नीचे तक का कुल भाग
Beared	बीयर्ड	टाइप के फेस और शोल्डर के बीच का तिरछा भाग
Pin	पिन	टाइप की बॉडी में एक ओर बना हुआ चिह्न जो साँचे में से निकालते समय इन्जेक्टर से बनाया जाता है।
Nick	निक	टाइप के एक ओर बना हुआ वह गहरा चिह्न जिसके द्वारा टाइप के सीधे या उल्टे होने पर फाण्ट की जानकारी मिल जाती है।
Groove	ग्रूव	टाइप के नीचे का वह भाग जो घिसकर साफ किया रहता है।
Foot	फुट	टाइप के नीचे का वह भाग जिसके आधार पर टाइप खड़ा होता है।
Serif	सेरिफ़	टाइप फेस के दायें-बायें छोड़ा गया अथवा फेस से आगे निकला हुआ भाग
Shoulder	शोल्डर	बियर्ड के नीचे और बॉडी के ऊपर का भाग
Counter	काउंटर	कम्पोज करने पर दो अक्षरों के मध्य रहने वाला स्थान
Lead	लेड	सीसे (जस्ते) की ढली पतली चपटी छड़ जो कम्पोज करते समय दो पंक्तियों के बीच समान स्थान बनाये रखने के लिए काम में लायी जाती है। इसकी ऊँचाई टाइप की बॉडी तक ही होती है।
Solid	सॉलिड	कम्पोज किए जाने वाले मैटर की वह स्थिति जिसमें लैड का प्रयोग नहीं किया जाता। इसे टचभप

		(Touch up) कम्पोज भी कहा जाता है।
Stone	स्टोन	प्रेस में रखी धातु की वह बड़ी मेज जिस पर कम्पोज किए गए मैटर को रखकर पेज बाँधे जाते हैं।
Stick	स्टिक	कम्पोजीटर हैण्डकम्पोज करते समय केस में से एक-एक टाइप उठाकर हाथ में जिस छोटी ब्रास ट्रे में रखता है, उसे स्टिक कहते हैं, जिसमें आगे-पीछे खिसकाने के लिए भी एक क्लिप लगा रहता है।
Rull	रूल	पीतल की बनी पतली छड़ें जिनकी ऊँचाई टाइप के बराबर होती है तथा वे मुद्रण में सफेद या काली रूल या फैन्सी रूल के रूप में आवश्यकतानुसार काम में लाई जाती हैं। इसमें ही फरफोरेटिंग रूल भी होती है।
Setting Rule	सैटिंग रूल	पीतल या स्पात की बनी, टाइप के बराबर ऊँची होती है जिसके बायीं ओर एक कोना अतिरिक्त निकला रहता है। जिस मैटर को बिना लेड कम्पोज किया जाता है, उसमें कम्पोज के समय सैटिंग रूल अवश्य लगा दी जाती है ताकि मैटर दूसरी पंक्ति पर न गिर सके।
Space	स्पेस	एक अक्षर को या एक शब्द को दूसरे से अलग करने के लिए जिस टाइप को काम में लाया जाता है, पर इसकी ऊँचाई टाइप से कम या ·७५″ इंच होती है तथा वे अपनी किस्म के टाइप के नाप या आकार के ही होते हैं। ये निम्न प्रकार के होते हैं— (i) हेयर स्पेस (ii) थिन स्पेस (iii) मिडिल स्पेस (iv) थिक स्पेस या एन स्पेस या हाफ क्वाड
Quad	क्वाड	मैटर को जस्टीफाई करने के लिए या कम्पोज किये मैटर के अतिरिक्त खाली जगह के फिलर्स के रूप में अक्षर की बॉडी की ऊँचाई के या ·७५″ के ठोस बनावट धातु निर्मित भाग होते हैं। ये भी अपनी किस्म के टाइप के नाप या आकार के ही होते हैं। क्वाड निम्न प्रकार के होते हैं— (i) एक एम (ii) दो एम

(iii) तीन एम (iv) चार एम
(v) तिकोने (vi) गोल

Quotation	कोटेशन	कम्पोज मैंटर की खाली जगह भरने के लिए कोटेशन काम में लाये जाते हैं। ये भी टाइप के आकार और नाप के होते ,हैं, पर क्वाड की भांति ठोस नहीं होते। इनका भीतरी भाग खोखला होता है। ऊँचाई में टाइप की बॉडी तक या '७५'' इंच के ही होते हैं। कोटेशन निम्न प्रकार के होते हैं— (i) दो एम (ii) तीन एम (iii) चार एम (iv) छः एम
Degree	डिग्री	एक प्रकार के स्पेस हैं जो टाइप के ऊपर मात्राऐं बैठाकर उन्हें ठीक प्रकार से जमाये रखने तथा एम करण (Emition) ठीक करने के लिए प्रयोग में लाये जाते हैं। हिन्दी वर्णमाला में मात्राओं को लगाते समय इसी डिग्री स्पेस का प्रयोग किया जाता है।
Justify	जस्टिफ़ाई	कम्पोज किए हुए मैंटर की सभी पंक्तियों की लम्बाई ठीक और एक समान रखने को जस्टीफ़ाई करना कहते हैं। कभी-कभी शब्द तोड़ने की उपयुक्त स्थिति न होने पर पंक्ति में उचित स्पेस डालकर मैंटर को जस्टीफाई किया जाता है।
Make up	मेकअप	कम्पोज किए हुए मैंटर से जो गैली में बँधा रखा होता है, उससे उचित आकार के पेज में बाँधने की प्रक्रिया मेकअप कहलाती है। मेकअप जिस साइज में किया जाता है, उसी के अनुसार अलग-अलग बाँधकर पृष्ठ तैयार किए जाते हैं।
Book work	बुक वर्क	पुस्तक के मुद्रण का कार्य बुक वर्क कहा जाता है।
Job work	जॉब वर्क	बुक वर्क के अतिरिक्त अन्य सभी प्रकार के मुद्रण का कार्य जॉब वर्क कहा जाता है, जिसमें लैटर हैड, निमंत्रण पत्र, कार्ड, लिफाफे विजिटिंग कार्ड, फार्म, प्रोफार्मा आदि सभी आते हैं। डिस्प्ले कम्पोजिंग भी जॉब वर्क के अन्तर्गत आती है।
Lay out	ले आउट	जाब वर्क के कम्पोज करने से पूर्व उसका जो खाका

कागज पर तैयार किया जाता है, उसे ही ले आउट कहा जाता है ।

Imposing — इम्पोजिंग — किसी पुस्तक के कम्पोजिंग में कौन-सा पृष्ठ कहाँ रहेगा इसका ध्यान रखकर स्टोन पर मैटर कसे जाने की प्रक्रिया को इम्पोजिंग कहा जाता है। यथा,—

चारपेजी

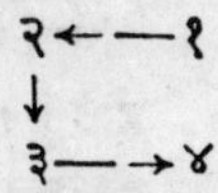

अठपेजी

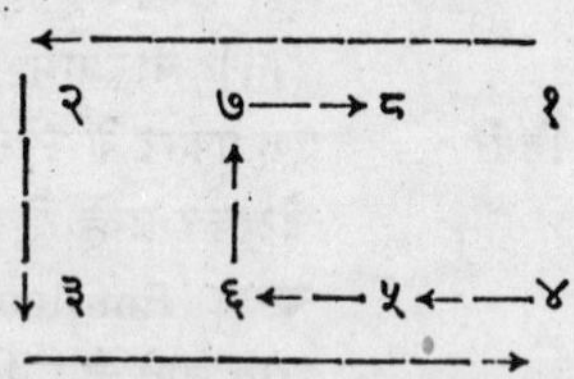

Margin — मार्जिन — फर्मा कसते समय मार्जिन या हाशिया छोड़ना आवश्यक होता है । किसी पुस्तक के पृष्ठ के चारों ओर जो कुछ खाली जगह दिखाई देती है, उसे भी हाशिया या मार्जिन कहते हैं ।

हाशिये के ऊपरी भाग को 'सिरा' (हैड), नीचे के भाग को 'पाद' (टेल), जिधर पुस्तक खुलती है, उसे किनारा (फोर हैड) तथा जिधर सिलाई होती है उसे 'पीठ' (बैक) कहा जाता है ।

Mss (Manuscript) — मूल कॉपी — लेखक द्वारा लिखित पाण्डुलिपि जो छपने के लिए आती है, वह मूल कापी (Mss) कहलाती है ।

Press Copy — प्रेस कॉपी — लेखक मूल पाण्डुलिपि तैयार करता है फिर उसमें आवश्यक सुधार के पश्चात् सुन्दर हस्तलेख में या टंकण कराके जो प्रति मुद्रणार्थ भेजता है, उसे प्रेस कॉपी कहा जाता है ।

Standing Matter — स्टैंडिंग मैटर — कोई भी मैटर मुद्रण के बाद पुनः मुद्रण के लिए अपने मूल रूप में सुरक्षित रखा जाता है तो उसे स्टैंडिंग मैटर कहा जाता है ।

Impression — इम्प्रैशन — मशीन पर चढ़े मैटर की जो प्रतियाँ मुद्रित रूप में बाहर एकत्र होती जाती हैं उन्हें इम्प्रैशन कहते हैं ।

Slip	चिप्पी	मशीन पर जब प्रूफ उठाया जाता है, पर वह कभी-कभी किसी स्थान पर उभरता नहीं है तो प्रूफरीडर प्रिण्ट आर्डर देते समय उस स्थान पर गोल घेरा लगा देता है, उस स्थान का इम्प्रैशन उभारने के लिए रोलर पर उस स्थान पर गोंद से पतले कागज की स्लिप या चिप्पी लगायी जाती है।

प्रूफपठन

प्रूफरीडर, प्रूफशोधन-चिह्न एवं उदाहरण

किसी भी मुद्रणालय में शुद्ध मुद्रण कार्य के लिए कम्पोज किए हुए मैटर का प्रूफ-रीडिंग या प्रूफपठन अथवा प्रूफशोधन अत्यन्त आवश्यक होता है। किसी भी मुद्रणालय में चाहे व्यवस्थापक स्वयं यह भार वहन करें या प्रूफरीडर की नियुक्ति करें अथवा स्वतंत्र प्रूफरीडर से अपनी कम्पोज की गई सामग्री का प्रूफपठन एवं शोधन करायें, पर इसके अभाव में प्रेस का कार्य कर पाना कदापि सम्भव नहीं होता है।

कम्पोज किए गए मैटर को 'गैली' में रखा जाता है। यह 'गैली' धातु की बनी होती है जिसके तीन ओर लकड़ी का उठा हुआ फ्रेम भी रहता है। कम्पोज किया मैटर स्टिक से उतारकर क्रमबद्ध रूप में गैली में रखकर 'गैली प्रूफ' उठाया जाता है। यह कम्पोज की गई सामग्री का सबसे पहला प्रूफ होता है।

प्रूफ के गैली रूप का त्रुटि-शोधन किए जाने के बाद उसे यथावश्यक रूप में मेकअप में परिवर्तित कर दिया जाता है तत्पश्चात् पृष्ठ प्रूफ तैयार किया जाता है। यहाँ तक की प्रक्रिया प्रूफरीडर तक पूरी कराने में कम्पोजीटर की सक्रियता आवश्यक होती है। तृतीय स्थिति में शोधन के बाद मशीन प्रूफ मशीनमैन अथवा प्रिण्टर लेकर प्रूफरीडर से शुद्ध कराता है। मशीन प्रूफ में निर्दिष्ट संशोधन किए जाने पर पुनः मशीनमैन या प्रिण्टर (मुद्रक) को प्रिण्ट आर्डर लेने के लिए प्रूफरीडर के पास जाना होता है।

प्रूफ के भेद

कम्पोजिंग की किसी भी प्रक्रिया से आगे मुद्रणकार्य के सम्पादन में प्रूफ उठाने की अनिवार्यता होती है क्योंकि कम्पोज किए गए मैटर में किसी प्रकार की कोई त्रुटि, अशुद्धि अथवा गलती न छूट गई हो तथा कम्पोज की गई सामग्री मूल कापी (Mss) के अनुरूप है या नहीं—यह देखने के लिए गैली में रखे मैटर का

प्रूफ उठाया जाता है।

प्रूफ तैयार करने या उठाने की प्रक्रिया से लेकर कम्पोजिग किये मैटर के मुद्रण होने तक की स्थिति में प्रूफरीडर को प्रूफ के निम्नलिखित भेदों के आधार पर प्रूफशोधन करना होता है—

(अ) गैली प्रूफ

(आ) मेकअप प्रूफ

(इ) पेज (पृष्ठ) प्रूफ या प्रथम प्रूफ

(ई) मशीन प्रूफ या द्वितीय प्रूफ

(उ) फाइनल प्रूफ या तृतीय प्रूफ

(ऊ) प्रिण्ट आर्डर प्रूफ

गैली प्रूफ कम्पोज के बाद रखे और सावधानी से कसे गए मैटर से मशीन द्वारा या हाथ द्वारा उठाया जाता है तथा यह सबसे पहला प्रूफ होता है। इस प्रूफ को तुरन्त पढ़ा जाना और त्रुटिशोधन करना सम्भव नहीं होता है, क्योंकि इसे उठाते समय कागज पानी से गीला किया जाता है। इसमें हाथ कम्पोज में केसेज में टाइप्स के सही वितरण या डिस्ट्रीब्यूशन के अभाव में अधिक मात्रा में त्रुटि की सम्भावना भी रहती है। मेकअप प्रूफ भी मशीन या हाथ द्वारा ही प्रूफ मशीन से उठाए गए उस प्रूफ को कहा जाता है जो गैली प्रूफ को शोधित कर दिए जाने पर पंक्तियों के अनुसार पृष्ठों का मेकअप काटा जाता है। जिस प्रकार कम्पोजीटर गैली प्रूफ तैयार करता है, वैसे ही पृष्ठ का मेकअप भी कम्पोजीटर करता है और उसका अलग-अलग पृष्ठों में प्रूफ उठाकर प्रूफरीडर के पास ले जाता है।

पेज प्रूफ या पृष्ठ का प्रथम प्रूफ मेकअप के बाद शोधित प्रूफ को कहा जाता है। यद्यपि मेकअप प्रूफ और पृष्ठ प्रूफ को एक ही मान लिया जाता है, परन्तु इसमें सूक्ष्म भेद यह है कि मेकअप में काटते हुए कम्पोज़ीटर केवल पंक्तियों की गिनती का ही मोटा हिसाब रखता है। कभी किसी अनुच्छेद की अन्तिम पंक्ति किसी पृष्ठ की आरम्भिक पंक्ति अथवा अन्तिम पंक्ति से किसी अनुच्छेद के आरंभ होने की स्थिति मेकअप में बनी रह सकती है। पर प्रथम रूप में मेकअप प्रूफ में यथा निर्देशित कर दिए जाने पर पुनः जब प्रूफ उठाया जाता है तो वह वास्तव में प्रूफरीडर के पास प्रथम प्रूफ अथवा पेज प्रूफ (पृष्ठ प्रूफ) के रूप में पहुँचता है। यह प्रूफ भी कम्पोजीटर अलग-अलग पृष्ठों में उठाकर प्रूफरीडर के पास ले जाता है।

द्वितीय प्रूफ या मशीन प्रूफ पृष्ठों को स्टोन पर पूरी तरह कसकर, प्रथम प्रूफ में संकेतित या निर्दिष्ट त्रुटिशोधन के बाद मैटर को मशीन पर रखकर मशीन की दाब से ही उठाया जाता है। इस प्रूफ और प्रथम प्रूफ में यही अन्तर

होता है कि जिस आकार में पुस्तक या जॉब वर्क मुद्रित होता है, उसी प्रकार के कागज में यह प्रूफ उठाया जाता है। पुस्तक के मुद्रण के सम्बन्ध में चारपेजी, आठपेजी अथवा सोलह पेजी इम्पोजिंग करके ही पूरे फार्म का प्रूफ एक ही कागज पर उठाया जाता है तथा त्रुटिशोधन के पुनरावलोकन हेतु प्रूफरीडर के पास भेजा जाता है। प्रथम व द्वितीय प्रूफ या मशीन प्रूफ पढ़ने वाले तथा मेकअप प्रूफ पढ़ने वाले व्यक्ति भी अलग-अलग हो सकते हैं। छोटे मुद्रणालय में एक ही व्यक्ति भी होता है। मशीन प्रूफ में प्रूफरीडर सही इम्पोजिंग तथा पूर्वनिर्दिष्ट त्रुटियों के शोधन पर ध्यान केन्द्रित करता है।

फाइनल प्रूफ या तृतीय प्रूफ परिष्कृत एवं यथा संशोधित रूप में मशीन-मैन ही तैयार करता या उठाता है जिसमें पूर्वनिर्दिष्ट त्रुटिशोधन किया जा चुका होता है। प्रूफरीडर इस अन्तिम (तृतीय) या फाइनल प्रूफ में पृष्ठ का फोलियो और कागज की पिन मिलाकर भी देखता है ताकि मुद्रण सही ढंग से हो सके। पूर्वनिर्दिष्ट त्रुटियों के शोधन पर ध्यान केन्द्रित कर प्रूफरीडर यह भी देखता है कि अक्षर या मैटर सभी स्थलों पर एक जैसे ही उभर रहे हैं। अगर ऐसा नहीं होता है तो प्रूफरीडर को ऐसे स्थलों पर गोले का चिह्न बनाकर मुद्रक या प्रिण्टर को यह निर्देश देना होता है कि मशीन की दाब संतुलित की जाये तथा संकेतित स्थल पर दाब बढ़ा दी जाए। यह फाइनल प्रूफ रचनाकार की सहमति के लिए भी भेजा जाता है। रचनाकार या लेखक के पढ़े जाने के बाद उसको पुनः लेखक के प्रूफ से मिलान किया जाता है 'प्रिण्टआर्डर' प्रूफ में सबसे अन्तिम वह प्रक्रिया है जो प्रूफरीडर स्वयं वांछित त्रुटिशोधन पाकर, फोलियो एवं सही पृष्ठसंख्या देखकर स्याही और दाब का संतुलन देखकर 'मुद्रित किया जाए' उल्लेख करता है। यह एक ऐसा दस्तावेज होता है, जिसके आधार पर मुद्रणकार्य सम्पादित होता है। पुस्तकों की पृष्ठ संख्या को भी अपने पास उपलब्ध डमी द्वारा पृष्ठसंख्या के लिखित विवरण पत्र से मिलाकर प्रूफरीडर देखकर ही मुद्रित करने के लिए मशीनमैन को लिखित आज्ञा देता है। बिना प्रिण्ट आर्डर के कोई भी मशीनमैन उसकी मशीन पर रखे हुए मैटर का मुद्रण नहीं कर सकता है। यह उसका दायित्व होता है कि मशीन पर तुरन्त मुद्रण आरम्भ करने के लिए स्वयं जाकर प्रूफरीडर से प्रिण्ट आर्डर ले ले। छोटे प्रेसों में एक ही व्यक्ति के व्यवस्थापक, प्रूफरीडर आदि होने पर मौखिक आज्ञा से ही मुद्रण आरम्भ हो जाता है। बड़े प्रेसों में बिना लिखित 'प्रिण्ट आर्डर' के मुद्रण-कार्य सम्पन्न नहीं किया जाता है।

प्रूफरीडर

मुद्रणालय में प्रूफरीडर का स्थान अत्यन्त महत्त्वपूर्ण होता है। यह बात हमारे

देश में दुर्भाग्यपूर्ण ही है कि प्रूफरीडर को महत्त्व नहीं दिया जाता है। मूल कापी (Mss) को सुनकर या एकाकी होने की स्थिति में मूल कापी देखकर कम्पोज की गई सामग्री (मैटर) को पढ़कर आवश्यक त्रुटियों का शोधन करने हेतु संकेत अंकित करने वाला व्यक्ति प्रूफरीडर या ईक्ष्यप्रवाचक कहा जाता है। प्रूफरीडर (ईक्ष्यप्रवाचक) का यह दायित्व होता है कि मैटर का मुद्रण शुद्ध और त्रुटिरहित हो। मुद्रण व्यवसाय में अभी तक प्रूफरीडर का आदरणीय स्थान नहीं है तभी इस क्षेत्र में कार्य करने वाले अपने कार्य को धन्यवाद रहित (Thankless Job) बताते हैं। पर यथार्थ यह है कि प्रूफरीडर ही ऐसा व्यक्ति है जो अपने प्रूफपठन के कौशल से अपने मुद्रणालय की प्रतिष्ठा बढ़ाता है।

प्रूफरीडर या प्रूफपठन कक्ष या विभाग की कार्यप्रणाली निम्न रूप से वर्गीकृत की जाती है—

(i) प्रूफरीडर

(ii) कॉपीहोल्डर

प्रूफरीडर का कार्य कम्पोज किए हुए मैटर की त्रुटियां निर्दिष्ट कर पाण्डुलिपि का शुद्ध मुद्रण कराना है, पर प्रूफरीडर यह कार्य अकेले ही सम्पादन सकुशल कर सके सम्भव नहीं होता। इसीलिए प्रूफरीडर के साथ ही एक व्यक्ति को और बैठाया जाता है, जिसे मूल पाण्डुलिपि या (एमएसएस) कापी पढ़कर प्रूफरीडर को सुनाना आवश्यक होता है और इस आधार पर ही प्रूफरीडर कम्पोज किये गये मैटर में रह गई आवश्यक त्रुटियों का संकेत करता है। कापीहोल्डर का महत्त्व भी कम नहीं है। कापीहोल्डर का कर्तव्य मूल कापी या पाण्डुलिपि को इस गति से पढ़ना होता है कि सहयोगी प्रूफरीडर उसे सुनकर मैटर में आने वाली त्रुटियों को यथारूप में संकेतिक कर सके। इस कापीहोल्डर के साथ रहने पर प्रूफरीडर एकाग्र मन से निश्चिन्त होकर अपनी दृष्टि मात्र कम्पोज किये मैटर पर ही रखता है तथा आवश्यक त्रुटियों का निर्देश करने में अधिक सुविधा पाता है। यदि 'कापीहोल्डर' का अभाव होता है तो प्रूफपठन के साथ-साथ प्रूफरीडर को मूल कापी या पाण्डुलिपि पर भी ध्यान या दृष्टि रखनी होती है। ऐसी स्थिति में दृष्टिनिक्षेप मात्र में ही एक-दो त्रुटि छूट जाने की सम्भावना रहती है।

प्रूफरीडर के कर्तव्य

प्रूफरीडर न तो कम्पोजीटर है न प्रिण्टर या मशीनमैन, पर कम्पोजिंग और प्रिंण्टिग मशीन पर होने वाले प्रत्येक कार्य से भली प्रकार परिचित होता है। उसे हर प्रकार के टाइपों का ज्ञान, प्रूफपठन सम्बन्धी संकेत-चिह्नों का पूर्ण परिचय तो होता ही है, साथ ही साथ जिस भाषा का प्रूफरीडर है, उस भाषा,

उसके व्याकरण, अक्षर विन्यास आदि का पूर्ण ज्ञान भी अत्यन्त आवश्यक गुण होता है। अतः प्रूफरीडर के निम्नलिखित कर्त्तव्य होते हैं—

(१) जो मैटर उसके पास प्रूफ के रूप में पठनार्थ और शोधनार्थ आया है, वह प्रेस एक्ट के अनुरूप है या नहीं देखना आवश्यक होता है।

(२) कोई प्रूफ ऐसा नहीं पढ़ना चाहिए जिसमें किसी की मानहानि या किसी के प्रति अपमानजनक अथवा कानून की दृष्टि से कुछ भी आपत्तिजनक लिखा हुआ हो। ऐसी स्थिति में प्रेस या मुद्रणालय के व्यवस्थापक या मालिक को अवगत करा देना चाहिए।

(३) प्रूफरीडर को मूल कापी (Mss) में व्याकरण या वर्तनी की अथवा भाषागत किसी अन्य प्रकार की त्रुटि हो तो उसका शोधन या सुधार मूल प्रति में कर सकता है, पर इसकी सूचना व्यवस्थापक को अवश्य देनी चाहिए।

(४) मूल कापी में किसी प्रकार की शंका और त्रुटि का आभास होने पर प्रत्येक स्थल पर हाशिये में क्वेरी (प्रश्नचिह्न) लगाकर प्रूफ फाइनल कराने के लिए लेखक के अथवा मूल प्रति प्रेषित करने वाले अधिकृत व्यक्ति के पास भिजवाना भी प्रूफरीडर का ही काम है। लौटने पर उसे आश्वस्त होना चाहिए कि मूल में की गई उसकी क्वेरी का समाधान प्राप्त हो गया है।

(५) प्रूफरीडर को अपनी स्वतन्त्रता का प्रयोग नहीं करना होता अपितु मूल कापी के अनुसार ही प्रूफ पठन एवं शोधन करना होता है। अतः प्रूफशोधन को प्रेस की व्यावहारिक शब्दावली में 'मक्खी पर मक्खी मारना' कहा जाता है।

(६) प्रूफरीडर को प्रत्येक प्रूफ के पठन और शोधन के बाद अन्त में अपने लघु हस्ताक्षर करके तिथि लगाना आवश्यक होता है तथा प्रत्येक प्रूफ पर प्रथम, द्वितीय, तृतीय या अन्तिम प्रूफ भी लिखना आवश्यक है। यदि प्रूफ दुबारा मँगाना पड़े तो यह भी संकेत कर देना चाहिए कि प्रूफ दुबारा उठाया जाए।

(७) यदि प्रूफरीडर को यह प्रतीत हो कि कम्पोजीटर को कुछ निर्देश देने हैं तो प्रूफ के हाशिये में ऊपर लिख देना चाहिए और जब दुबारा प्रूफ आये तो देख लेना चाहिए कि विगत प्रूफ का पृष्ठ ऊपर जरा-सा फटा है या नहीं। फटे होने का अर्थ है त्रुटिशोधक कम्पोजीटर या करैक्शन कर्त्ता ने उस पृष्ठ पर निर्दिष्ट प्रूफरीडर के आदेशानुसार शोधनकार्य किया है।

(८) शुद्ध और साफ प्रूफ पठन जहाँ प्रूफरीडर का काम है, वहाँ बड़े ध्यान से प्रूफ पढ़ना भी उसका अनिवार्य कर्त्तव्य है। यदि प्रूफ में स्पष्टता नहीं है तो दुबारा प्रूफ उठवा लेना चाहिए और अस्पष्ट स्थान पर गोला चिह्न बना

देना चाहिए ।

(९) ब्लॉक आदि जहाँ मूल प्रति या कापी में निर्दिष्ट किए गए हैं, उनका उचित स्थान पर संयोजन किया गया है या नहीं यह भी प्रूफरीडर को मूल कापी से देखना आवश्यक होता है ।

(१०) प्रूफपठन, मूल कापी पठन में तीव्रगति होना आवश्यक है, पर उसके साथ-साथ प्रूफरीडर की दृष्टि की सुस्थिरता और त्रुटि-केन्द्रीयता भी बहुत आवश्यक है । कहा जाता है कि एक अच्छा प्रूफरीडर वह है जिसकी दृष्टि सीधे ही कम्पोज किए मैटर में रह गई त्रुटि पर केन्द्रित हो जाती है ।

(११) प्रूफरीडर को गैली प्रूफ के बाद के सभी प्रूफ पठनार्थ आने पर सबसे पहले पिछले प्रूफ में किए गए शोधनों से मिलान करना चाहिए, फिर नये सिरे से एक बार आरम्भ से अन्त तक मूल कापी से ही प्रूफ पढ़ना चाहिए ।

(१२) प्रूफ़रीडर केवल मैटर की अशुद्धियों पर ही ध्यान नहीं देता है, पर प्रूफ-शोधन करते हुए उसका यह कर्त्तव्य होता है कि फोलियो नम्बर, पेज नम्बर, हैडिंग आदि को भी देख ले ताकि क्रमभंग न हो ।

(१३) प्रूफरीडर को ब्लॉक्स की कलर प्रिण्टिग के समय यह भी ध्यान रखना आवश्यक होता है कि मूल चित्र के अनुसार ब्लॉक की कलर स्कीम बैठ रही है या नहीं । स्याही कम या अधिक है या हल्की है—इसका भी ध्यान रखना आवश्यक है ।

(१४) प्रूफरीडर को पुस्तक के प्रूफ फाइनल करते हुए यह देखना होता है कि 'डमी' के अनुसार ही मैटर मुद्रित किया जा रहा है या नहीं । डमी में निर्दिष्ट संकेतों की अनुपालना उसका प्रथम कर्त्तव्य है और उसके उपरान्त अपनी मुद्रण तकनीक को स्थान देना होता है । इसी डमी में यह निर्दिष्ट रहता है कि कहाँ और किस तरह ब्लॉक मुद्रित किया जाना है ।

प्रूफशोधन

(१) प्रूफशोधन की प्रविधि अपनी विशेषता रखती है । कापीहोल्डर मूल कापी या Mss से साम [illegible] रखकर [illegible]र-जोर से बोलता जाता है और प्रूफरीडर प्रूफ की गैली या पेज पर गलतियाँ या त्रुटियों को विशिष्ट संकेतों के माध्यम से अंकित करता है । प्रूफरीडिंग विषयक संकेतों की जानकारी किसी भी प्रूफरीडर के लिए आवश्यक एवं अनिवार्य होती है ।

(२) प्रूफशोधन प्रविधि अपनाकर प्रूफरीडर कम्पोज किए सम्पूर्ण मैटर को चौड़ाई के बीच से दो भागों में बाँट देता है । इस प्रकार आधा मैटर दायीं ओर और आधा बायीं ओर हो जाता है और प्रूफरीडर आधी पंक्ति की अशुद्धियों का पहला संकेत पंक्ति की बायीं ओर तथा दूसरी बार दायीं ओर आवश्यक

एवं अनिवार्य प्रावैधिक संकेत लगाकर करता है। अस्तु, प्रूफ उठाते समय कम्पोजीटर को भी सावधानी रखनी पड़ती है कि पर्याप्त हाशिया प्रूफ के दोनों ओर छूटा रहना आवश्यक है।

प्रूफशोधन के विशिष्ट संकेत होते हैं जिनका प्रयोग करके प्रूफरीडर को यह बताना पड़ता है कि शुद्धि किस प्रकार की जानी है तथा यह भी ध्यान रखना पड़ता है कि—

(अ) पृष्ठ-प्रूफ में अनुच्छेदीकरण के बीच में सर्वत्र स्पेसिंग ठीक है या कम है। समान स्पेसिंग ही बुकवर्क के लिए महत्त्वपूर्ण होती है। जॉब वर्क में भी ले-आउट का औचित्य देखना आवश्यक होता है।

(आ) कम्पोजिंग की कार्यविधि के अनुसार स्पेस, मार्जिन, इण्डैण्ट और पैरा आदि का उल्लेख करना होता है।

(इ) टाइप और फेसेज की पूरी जानकारी के साथ सही टाइप के पाइण्ट व फॉण्ट का प्रयोग देखना आवश्यक होता है।

(ई) प्रूफशोधन विषयक समस्त संकेत दायीं अथवा बायीं ओर अंकित करते समय बायीं ओर से ही आरम्भ होते हैं और प्रत्येक संकेत के बाद पतली तिरछी लकीर या स्ट्रोक (/) लगाना चाहिए।

(३) यदि मूल कापी (Mss) से कोई वाक्य या वाक्य-समूह छूट जाता है तो उसे हाशिये में लिखा जाता है, पर जब हाशिये में इतना स्थान न हो तो उसको जोड़ने का स्पष्ट चिह्न (★) बनाकर प्रूफ के कागज पर ही अन्यत्र लिखा जाता है।

(४) किसी भी अनुच्छेद की अन्तिम पंक्ति अगले पृष्ठ पर या नये अनुच्छेद की अन्तिम पंक्ति पृष्ठ के अन्त में नहीं होनी चाहिए।

(५) प्रत्येक पंक्ति के बीच में बराबर स्पेस रहनी चाहिए तथा नये अनुच्छेद के आरम्भ करने पर भी कम से कम डबल स्पेस अवश्य रखना चाहिए।

(६) कागज के आकार और कम्पोजिंग किए गए मैटर का संतुलन देखना आवश्यक होता है।

(७) पुस्तक के फार्म मुद्रण के विविध रूपों का स्मरण रखना आवश्यक है यथा—

चार पेज का फार्म

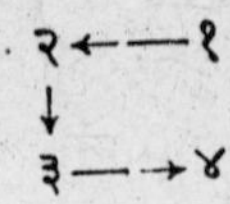

आठ पेजी फार्म

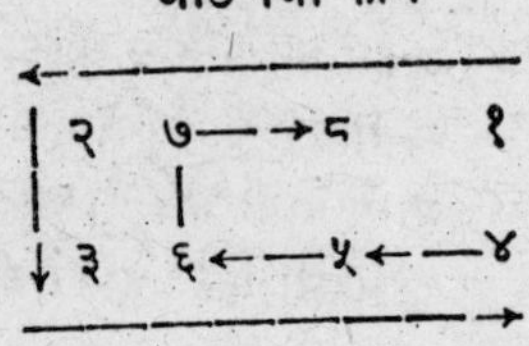

सोलहपेजी फार्म

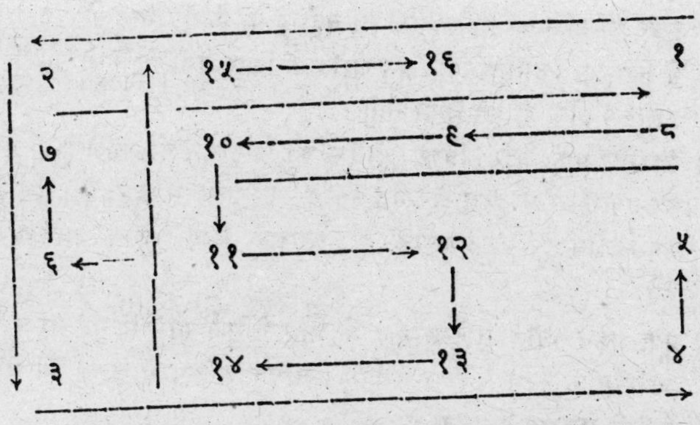

(८) व्याकरण की साधारण भूलें, वर्तनी की त्रुटियाँ तथा अल्पविराम, पूर्ण विराम आदि का सुधार मूल कापी में किया जा सकता है, परन्तु मूल कापी में कोई भी परिवर्तन करने का अधिकार प्रूफरीडर को नहीं होता है।

(९) प्रूफ पढ़ते समय लम्बी लकीरों से पृष्ठ नहीं भरा जाना चाहिए, क्योंकि उससे कम्पोजीटर को कठिनाई होती है। इसके लिए उचित एवं सही तरीका वही है कि मूल मैटर को दो हिस्सों में बाँटकर बायें से दायें संकेत-चिह्न लगाये जायें।

(१०) प्रूफशोधन में यदि यह अनुभव हो कि अशुद्धियाँ या त्रुटियाँ अधिक हैं तो दुबारा प्रूफ माँग लेना उचित होता है।

(११) गिनती की लम्बी संख्या को अक्षरों के स्थान पर शब्दों में बदल देना उचित है। यदि संख्या का उल्लेख वाक्य के आरम्भ में ही होता है तब तो उसे शब्दों में परिवर्तित कर देना आवश्यक है।

(१२) फुटनोट (पाद टिप्पणी) के नम्बर की जाँच कर लेनी चाहिए कि उस मैटर का नम्बर उसी पृष्ठ पर ही आ रहा है जिसमें फुटनोट है।

(१३) हैडिंग और पृष्ठसंख्या हर बार देख लेनी चाहिए, पर फाइनल प्रूफ और प्रिण्ट आर्डर में तो फार्म फोल्डिंग के अनुसार मिलाकर देख लेना आवश्यक है।

(१४) वाक्य-रचना और अनुच्छेद आदि की जस्टीफाई भली प्रकार देख लेना आवश्यक है ताकि मैटर टेढ़ा-मेढ़ा, आगे-पीछे न हो।

(१५) कम्पोज़ किया मैटर समान टाइप पाइण्ट एवं एक ही फेस में होना चाहिए। उसमें आये शीर्षक भिन्न टाइप, भिन्न पाइण्ट तथा भिन्न फेस के हो सकते हैं, परन्तु रनिंग मैटर और हैडिंग के टाइप में संतुलन होना आवश्यक है।

(१६) प्रूफ का रिवीजन करते हुए यह देखना आवश्यक होता है कि पृष्ठ के

ऊपर या नीचे की पंक्ति छूटी तो नहीं है या किसी बिन्दु को स्पष्ट समझने के लिए या किसी संख्या, सन् आदि के लिए लगायी गयी क्वेरी (प्रश्न-वाचक) ठीक हो गई है या नहीं ।

(१७) फाइनल प्रूफ और प्रिण्ट आर्डर की फाइल रखी जाती है। इन दोनों पर प्रूफरीडर के हस्ताक्षर एवं तिथि का उल्लेख रहता है। गैली, प्रथम एवं द्वितीय प्रूफ पर प्रूफरीडर के हस्ताक्षर तथा दिनांक आवश्यक होते हैं।

(१८) प्रूफ पढ़ने और त्रुटि-शोधन के लिए पेंसिल काम में न लेकर पैन या बालपैन ही काम में लेना चाहिए। अधिकांश रूप में लाल पैन या बाल-पैन ही प्रचलन में रहता है।

प्रूफशोधन के चिह्न

⊥	स्पेस नीचे की ओर करो
[ ]	दायें या बायें खिसकाओ
‖	पंक्तियां ठीक करो
#	स्पेस डालो
# more	अधिक स्पेस दो
# no	अधिक स्पेस मत छोड़ो
# Less	स्पेस कम करो
⌶	मिला दो
⌐¬ ∟⌐	नीचे या ऊपर खिसकाओ
✓	स्पेरा कम करो
⊢⊣	डैश लगाओ
⊔	एक एम डैश लगाओ
-/	हाइफन लगाओ
c/ɔ	लघु कोष्ठक लगाओ
⋏ ⋏	छूट गया है, लगाओ
⑦	उल्टा है, सीधा करके लगाओ

Tr/	स्थान बदल दो
[/]	मध्यम/बड़ा कोष्ठक लगाओ
’/	एपस्ट्राफी चिह्न (ऊपर वाला कोमा).लगाओ
“/”	इन्वर्टेड कोमा शुरू करो/इन्वर्टेड कोमा बन्द करो
Stet ✓	जैसा कम्पोज किया था, वैसा ही रहने दो
?	प्रश्नवाचक चिह्न या क्वेरी (मूल कापी में लिखित संदिग्ध होने पर)
?/	मूल कापी में जहाँ प्रश्नचिह्न लगाया गया हो, उसे लगाओ
।/	पूर्णविराम लगाओ
!/	सम्बोधन चिह्न लगाओ
2/m	दो एम का समानान्तर डैश लगाओ
══	पंक्तियाँ ऊँची-नीची हैं, सीधी करो.
×	अक्षर टूटा है, बदलो
※	मैटर छूट गया है, मूल कापी देखो
¶	अनुच्छेद बनाइए
W.f. W.F	रांग फाण्ट (गलत टाइप) है, सही टाइप लगाओ
∂/, d/, ∂	निकाल दो
∂ ∂	निकालकर मिला दो
⊙/	फुलस्टाप लगाओ
(:)/	कोलन लगाओ
(;)/	सेमीकोलन लगाओ
(,)/	कौमा लगाओ
□-⊏	एक एम का इण्डेण्ट लगाओ
l.c/	लोअर केस अक्षर (अंग्रेजी भाषा में ही) लगाओ

SC	स्माल कैपिटल अक्षर लगाओ
caps	कैपिटल अक्षर लगाओ
~~ Bold	बोल्ड अक्षर लगाओ
—— Ital	इटालिक अक्षर लगाओ
(Rom)/	रोमन अक्षर लगाओ
run on	नीचे की पंक्ति और ऊपर की पंक्ति मिला दो।
eq #	बराबर स्पेस डालो
2/	भिन्न का अंक या फुटनोट का अंक लगाओ
no ¶	अनुच्छेद नहीं दो
ff	मिले हुए अक्षर लगाओ
⊖/	डैश लगाओ
▽	सुपीरियर लगाओ
△	इन्फीरियर है, हटाओ
'/'	सिंगल कोटेशन लगाओ
(----)/	लीडर दो
——— /W.R/	व्हाइट रूल लगाओ
═══ /B.R/	बोल्ड रूल लगाओ
Spell out	संक्षिप्त नहीं, पूरा शब्द कम्पोज करो
(.........)/	डोटेड (बिन्दुदार) लाइन लगाओ

प्रूफ के उदाहरण—

(i) कम्पोज किए मैटर का गेली प्रूफ

To promote the the scriptures in to Sanskrit so as to enable his countryen to proceed in the conversion the of natives of Indiato Christian religion.

विश्व में इस समय लगभग 20,000 प्रतीक प्रयुक्त हो रहे हैं। ये जीवन के विभिन्न क्षेत्रों से सम्बद्ध हैं तथा इनमें से अनेक विभिन्न स्थानों पर या लगभग सभी पर समझे स्थानों जाते हैं, जैसे राजमार्गों के संकेत। विश्व के लगभग सभी देशों में वक्र, मोड़, या रुको, जाओ आदि के संकेत समान हैं।

(ii) शोधन किया गया प्रथम प्रूफ

To promote the translation of the scriptures into Sanskrit so as to enable his countrymen to proceed in the conversion of the natives of India to Christian religion.

विश्व में इस समय लगभग 20,000 प्रतीक प्रयुक्त हो रहे हैं। ये जीवन के विभिन्न क्षेत्रों से सम्बद्ध हैं तथा इनमें से अनेक विभिन्न स्थानों पर या लगभग सभी स्थानों पर समझे जाते हैं, जैसे राजमार्गों के संकेत। विश्व के लगभग सभी देषों में वक्र, मोड़, या रुको, जाओ आदि के संकेत समान हैं।

(iii.) शोधन किया गया द्वितीय प्रूफ

To promote the translation of the scriptures into Sanskrit so as to enable his countrymen to proceed in the conversion of the natives of India to Christian religion.

विश्व में इस समय लगफग 20,000 प्रतीक प्रयुक्त हो रहे हैं। ये जीवन के विभिन्न क्षेत्रों से सम्बद्ध हैं तथा इनमें से अनेक विभिन्न स्थानों पर या लगभग सभी स्थानों पर समझे जाते हैं, जैसे राजमार्गों के संकेत। विश्व के लगभए सभी देशों में वक्र, मोड़, या रुको, जाओ आदि के संकेत समान हैं।

(iv) प्रिंट ऑर्डर मशीन प्रूफ

To promote the translation of the scriptures into Sanskrit so as to enable his countrymen to proceed in the conversion of the natives of India to Christian religion.

विश्व में इस समय लगफग 20,000 प्रतीक प्रयुक्त हो रहे हैं। ये जीवन के विभिन्न क्षेत्रों से सम्बद्ध हैं तथा इनमें से अनेक विभिन्न स्थानों पर या लगभग सभी स्थानों पर समझे जाते हैं, जैसे राजमार्गों के संकेत। विश्व के लगभए सभी देशों में वक्र, मोड़, या रुको, जाओ आदि के संकेत समान हैं।

• • •